함께 조안

슬로라이프 조안의 사람 사는 이야기

함께 조안

권순직 박노서 박창수 조미경 손채락

인쇄 2018년 1월 5일
발행 2018년 1월 10일

발행인 김수용
발행처 디자인소리
서울 마포구 서교동 448-10 070.4366.2811
ok@dsori.com

ⓒ저자 및 사진·그림·원고의 저작자, 2018

저자 | 권순직 박노서 박창수 조미경 손채락
PHOTO | 김수용 김남금 임은주 김순주 정소현 (주)엔파인 (주)비비트리 디자인소리 언니네마당 혜원문화사
ILLUSTRATION ART | 김순주 언니네마당 디자인소리 (주)엔파인
WRITE DIRECTING | 언니네마당(김남금 임은주 김순주 정소현)
PLANNING DIRECTING | 반달뜨는꽃섬(이은선)
CHIEF DIRECTING | 혜원문화사(조숙연)

이 도서의 국립중앙도서관 출판예정도서목록(CIP)은 서지정보유통지원시스템 홈페이지(http://seoji.nl.go.kr)와 국가자료공동목록시스템(http://www.nl.go.kr/kolisnet)에서 이용하실 수 있습니다.
CIP제어번호 : CIP2017030750

ISBN_978-89-97613-14-4 03980

값 15,900원

조안에서
사람을
만나다

차례

남양주시농업기술센터와 조안의 농업	14
대한민국의 힘 농업에 있습니다 / 권순직	16
다산길영농조합	20
행복을 일구는 농부 딸기를 말하다 / 다혜농장 :: 주재성 농부	26
농부의 열정, 새로운 농법으로 꽃 피다 / 생명농장 :: 윤한규·정연정 농부	30
엄지 척 미스터 김 / 한사랑딸기농장 :: 김세준 농부	34
주경야경, 조경사 꿈꾸는 딸기농부 / 쌍송유기농딸기체험농장 :: 이향교 농부	38
다정도 병, 송촌리 다정한 딸기엄마 / 표씨농장 :: 표상훈·이상옥 농부	44
사람과 자연, 생명이 함께 하는 삶 / 마뜰농원 :: 최동교·이경숙 농부	48
딸기에 味치다 / 딸기랑 소나무 숲길 한림 하눌타리 농원 :: 김연진 농부	52
childlike, 조안에서 순수한 마음을 만나다	56
작은 시골학교의 하루 / 남양주송촌초등학교 교장 제평섭	58
딸기박사 조안박사 / 다솜농장 :: 주재동 농부	60
가고 싶은 곳, 오라고 반기는 곳 / 오삼~팜 유기농딸기체험농장 :: 김명배 농부	64
농업의 오늘을 진단하고 내일을 생각하다 / 박노서	68
조안... 새도 쉬어가는 곳	72

어르신의 뜻을 받들어 / 윤기네 유기농딸기농장 :: 김성일 농부	74
딸기는 자식 같아요 / 샘물딸기농장 :: 안동완·조영남 농부	78
동요로 피어나는 조안의 행복 / 강은화	82
산책하는 시인과 아이들 / 조안초등학교 교장 김은영	86
자연의 맛 호반의 맛 / 송촌호반딸기농장 :: 이진규 농부	92
송촌리 맥가이버가 가꾸는 친환경농장 / 송송골딸기농장 :: 한희완 농부	96
주말에 어디론가 떠나지 않아도 좋아요 / 박영미	100
땅을 지키고 살리는 부부농부 / 딸기나라 :: 이석찬 농부	104
1+1을 넘어 나다운 삶으로 / 김복자	108
삼봉리 마을공동체 해바라기 협동조합	112
해바라기와 함께 둥글게 둥글게 / 김근호	114
조안 해바라기의 여름나기	116
딸기, 너에게 다가갈 수 있다면 / 딸기농장 수 :: 김진환 농부	118
일상이 예술로 피어나다 / 작가 박태민	122
진심을 담은 눈높이 체험 / 아람유기농딸기 :: 이서교·김난이 농부	126
이것만 알면 나도 딸기따기 마스터	130

느낌 아니까~ 넉넉한 마음을 오롯이 / 토양농장 :: 용명석 · 변명희 농부	132
조안의 꽃, 그림으로 피어나다 / 회화작가 이석숙	136
한평에서 3천평으로 / 초록향기 :: 이철종 · 이규진 농부	140
몽환적 언어로 말하는 감성 이야기 / 회화작가 설선	146
열정 한아름 꽉 채워 현장 속으로! / 박창수	150
매일매일 스마일 / 나라농장 :: 표상호 농부	154
조각가, 삶을 조각하다 / 조형작가 이종희	158
젊은 부부의 고군분투 조안 정착기 / 마음농장	164
딸기농부의 한해	170
흙과 놀다 / 도예가 김윤신	174
역사적 인물의 숨결 따라 in 조안	180
딸기의 변신은 무죄	184
신선한 체험이 있는 농산물이동판매대	190
우리 아이들의 내일, 지켜야 할 농업의 가치 / 조미경	192
조안에서 길을 생각하다 / 아름다운길이름연대 대표 김영경	198
아름다움을 직조하는 조안의 부부 / 인동공방 김진숙 · 박윤육	202
어느 스코틀랜드인의 꿈 / 도리안 번즈	208

남양주다산문화제	212
행복한 체험 맛있는 체험 / 예당농원 :: 박갑선 · 전숙자 농부	216
하늘이 내리는 열매, 오디 / 구봉오디농장 :: 박흥식 농부	220
조안스케치 / 회화작가 배순덕	224
언제나 정다운 농장, 구수한 장맛 같은 농부 / 푸른숲농원 :: 김덕배 농부	228
남양주슬로라이프국제대회	232
뽕 전도사, 오디 농부가 되다 / 뽕 이야기 :: 김종인 농부	234
오디의 효능	238
좋은 물이 좋은 땅을, 좋은 땅이 좋은 나무를! / 손채락	240
70년 된 뽕나무의 기억 / 예봉산농원 :: 박득선 · 박숙자 농부	244
인생 2막1장 / 다산이 사랑한 뽕나무 오디농장 :: 조석봉 · 박점숙 농부	248
삶을 조각하는 목공체험 오디농장 / 부엉배농장 :: 전미경 농부	254
영아티스트 in joan	258
밝은 표정의 비밀, 더불어 사는 인생 / 수형농산 :: 박수형 농부	260
젊은 오디 농부의 새로운 도전 / 너나들이농장 :: 박부영 농부	264
오디체험 마카롱카페	268
다산길영농조합 농가 지도	272

새가 쉬어가는

슬로라이프 도시

조안 진중리 물의정원과 운길산역 일대(김영훈)

남양주시 남쪽에 위치하여
운길산 자락 오른쪽으로 북한강, 아래로 한강 팔당호를 품고 있는 조안면은
다산신도시, 화도 등의 신도시 개발로 인구가 꾸준히 증가하는 남양주시(약 67만명)의
16개 읍면동 중 하나로, 약 4,500명의 주민이 거주하고 있고(2017.9.1. 기준)
50.68km^{2}의 면적으로 서울의 1/12 크기에
인구밀도는 1/2,200밖에 되지 않는다.
수도권 유일의 슬로시티로 선정되기도 하였고,
좋은 교통여건과 국토종주 자전거길, 다양한 다산길 코스,
상수원보호구역으로서 좋은 물과 깨끗한 공기,
다산유적지 등의 관광지와 친환경 농산물로 유명하여
서울에서 가장 가까운
살기 좋은 힐링 도시로 손꼽히고 있다.

조각 / 조안 예술인들의 공방 작품

남양주시농업기술센터와
조안의 농업

귀농을 고민하는 이들이 준비하고 실천에 옮기는 과정에서 제일 많이 듣게 되는 이름이 지자체별 농업기술센터이다.
농업기술센터는 지역 특성에 맞는 작물과 소득증진에 도움을 주기 위한 다양한 기술을 보급하는 역할을 하는데,
새롭게 농업에 뛰어든 이들을 위해 그린농업대학과 다채로운 프로그램도 운영하고 있다.
남양주시의 농업기술센터는 1980년 양주군에서 남양주군이 분리되어 농촌지도소로 시작되었는데,
1995년 남양주군과 미금시가 남양주시로 통합되고 1996년 남양주시농촌지도소 청사 준공,
1998년 남양주시농업기술센터로 개칭하여, 현재까지 지역의 농업기술의 발달과 소득 증대,
새로운 산업환경의 패러다임에 대비하기 위한 다양한 노력을 전개해오고 있다.

남양주시의 농업환경은 1차산업을 주력으로 하는 중부 이남 지역과는 큰 차이점이 있는데,
경기 동부권 중심도시로 근교농업, 도농복합형 농업에 유리한 여건을 가지고 있는 반면
개발제한구역, 상수원 보호구역 등 시설 투자제약 요인이 많아 규모화, 현대화 등 생산기반 여건이 취약한 편이다.
특히 임차농이 많아 지역특화작목의 육성이 어렵고, 지역 특산품에 대한 소비자 인식이 강하지 않고,
인구 급팽창으로 농산물 출하에 유리하나 산지 유통시설이 취약하다.
하지만 이러한 장단점을 살려 최근에는 취미농·가족농 및 체험 농장이 증가하여 새로운 소득원으로
다양한 시도가 이어지는데, 이를 발전시켜 1차 생산, 2차 가공, 3차 서비스 및 체험이 융복합된 농업의 6차산업화가
주된 화두가 되고 있다. 또한 로컬푸드, 슬로푸드에 대한 인식 증대로 서울 및 근교에서 고급 농산물로
인정받아 가면서 품질의 고급화를 이루기 위한 다양한 노력이 펼쳐지고 있다.

상수원보호구역으로서 수도권의 대표적인 청정지역인 조안면은 과거 낙농업이 발달된 시기가 있었으나
환경에 대한 인식이 바뀌면서 최근에는 친환경농업이 가장 활발하게 이루어지는 지역으로 손꼽히고 있다.
북쪽 시우리를 중심으로 약간의 벼농사, 진중리 등 전역에 걸쳐있는 시설채소류 농사가 활발하고
특히 조안리, 송촌리 중심의 유기농딸기체험농가, 오디농가 등이 지역경제를 살리는 주요한 역할을 하고 있다.

남양주시 농업의 패러다임

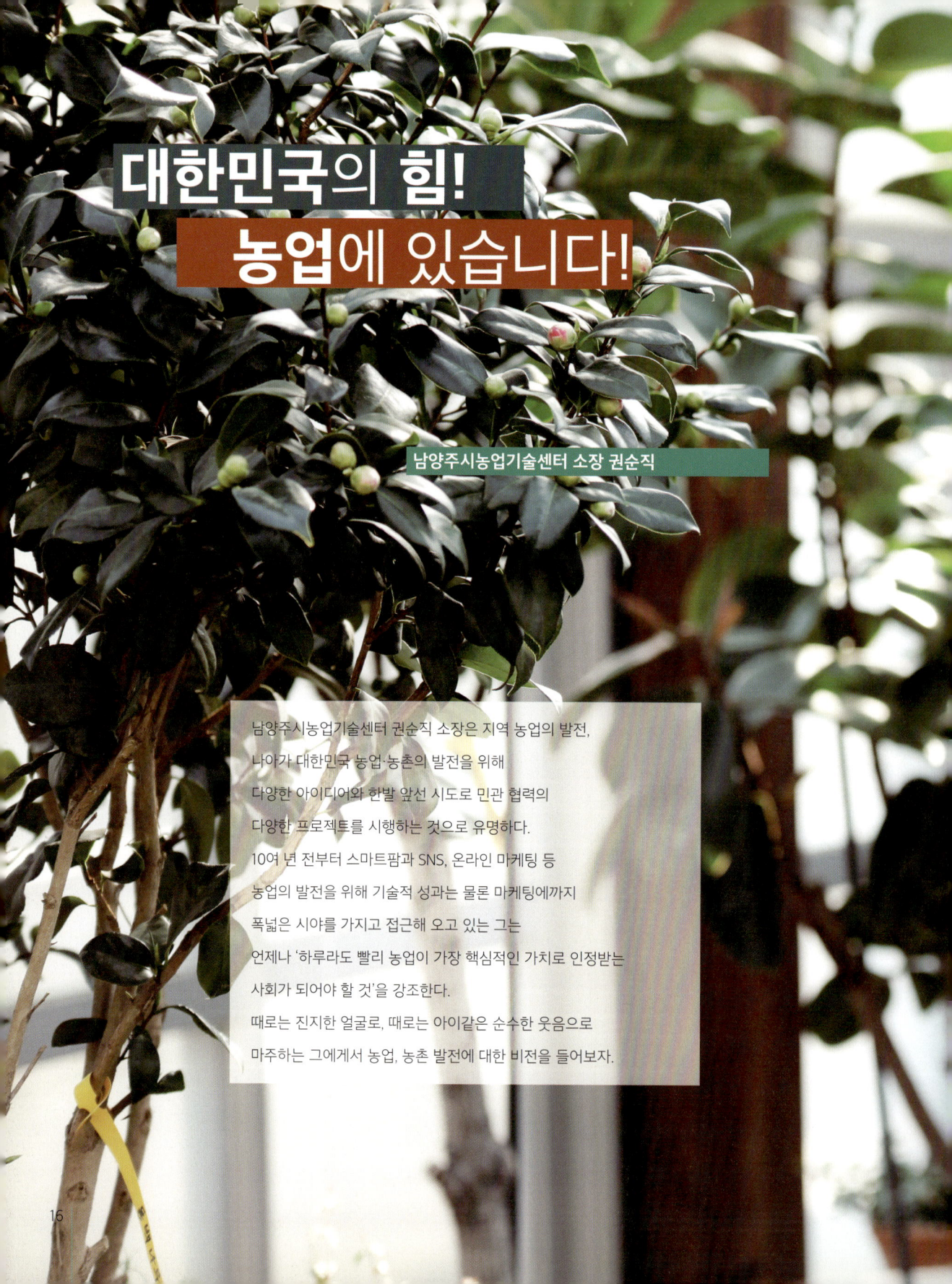

대한민국의 힘!
농업에 있습니다!

남양주시농업기술센터 소장 권순직

남양주시농업기술센터 권순직 소장은 지역 농업의 발전,
나아가 대한민국 농업·농촌의 발전을 위해
다양한 아이디어와 한발 앞선 시도로 민관 협력의
다양한 프로젝트를 시행하는 것으로 유명하다.

10여 년 전부터 스마트팜과 SNS, 온라인 마케팅 등
농업의 발전을 위해 기술적 성과는 물론 마케팅에까지
폭넓은 시야를 가지고 접근해 오고 있는 그는
언제나 '하루라도 빨리 농업이 가장 핵심적인 가치로 인정받는
사회가 되어야 할 것'을 강조한다.
때로는 진지한 얼굴로, 때로는 아이같은 순수한 웃음으로
마주하는 그에게서 농업, 농촌 발전에 대한 비전을 들어보자.

농촌이 잘 살아야 국민이 행복합니다

農者天下之大本, 身土不二
농업선진국이 진짜 선진국이다

사람 사는 세상의 근본인 땅을 지키고 먹을거리를 생산하는 농업이 모든 것의 기본인 것은 삼척동자도 아는 이치인데 현실은 별로 그렇지 않은 것 같습니다. 지난해 경제대국 11위를 차지한 대한민국! 그 원천은 안정적인 식량생산과 농촌자원이 타산업의 성장과 도시발전의 디딤돌 역할을 했기 때문이라고 봅니다. 그동안의 출혈로 농촌은 쇠락해가고 있으나 보상과 발전에는 인색하고 대부분에서 후순위로 밀려나고 있는 실정입니다.

농촌지역 젊은이들은 농촌을 떠나고 농촌인구는 끝이 안보이게 줄어들어 고령화되고 황폐화되어가는 현실에 속수무책으로 기다려도 되는 건지? 농촌사회 미풍양속과 전통은 이 시대에서 끝나도 되는 건지? 아름다운 농촌경관과 깨끗한 환경, 농경지는 난개발로 오염되고 황폐화되어도 되는 건지요? 사람이 사람답게 살아가는 가장 기초이며 근본인 먹을거리를 생산하는 농업인이 어려운데 좋은 농산물, 건강한 음식이 공급되겠습니까!

국민들은 지속가능한 살기 좋은 농촌으로 보전되고, 언제나 찾아가서 휴식하고 재충전하는 어머니 품 같은 넉넉한 농촌을 염원하고 있습니다.

최근에 귀농 귀촌인구가 늘어나는 경향은 농촌의 유인 요소보다는 도시의 밀어내는 요소가 더 큰 것 같습니다. 경제적으로 어렵고 비싼 생활비, 복잡하고 오염된 환경에서 벗어나려는 도피처가 농촌인 되는 현실이지요. 결국 농촌생활과 생산 기반을 정비하지 않고 계획적인 투자와 개발 없이 무작정 들어오는 귀농 귀촌은 농촌을 더욱 복잡하게 하여 농촌의 가치를 떨어지게 할 것이 크게 우려되는 상황입니다.

또한 최근 수입농산물, 청탁금지법, 소비수요 급변에 따른 농산물 가격하락은 농업·농촌, 농업인을 더욱 어렵게 만들고 있고, 이러한 사면초가의 상황에서 농업은 언제까지 힘들어야 하는지? 정부에서는 6차산업과 귀농정책, 첨단농업, 미래 생명산업의 신성장동력으로 육성한다고 하지만 현장 농업인에게는 먼 이야기로만 들린다고 합니다.

남양주 농업 농촌도 지방과 대도시 근교농업의 차이는 있지만 비슷한 현실입니다. 도시개발, 농업기반의 잠식과 규제로 인한 제대로 된 영농시설과 가공·판매시설 설치가 쉽지 않으며, 부재지주(不在地主)가 많아지면서 농업생산 여건이 열악해지거나 경관을 많이 해치고 있는 현실입니다.

　언젠가는 이러한 난제들을 극복하고 살기 좋은 농촌으로 변모되겠지만, 얼마나 빨리, 그리고 제대로 될 수 있느냐는 것이 관건일 것입니다. 그것은 물론 우리 스스로의 노력과 정부정책이 뒷받침될 때 더 빨리 앞당겨질 것입니다.
　살기 좋은 농촌은 농업인만의 행복이 아니라 국민들이 행복해진다는 진리를 알고 전 국민이 농촌 살리기에 관심을 갖고 복지농촌의 실현을 위해 힘을 모아야 할 것입니다.

　남양주시에서도 특히 조안지역은 친환경 고품질 농업의 최상의 산지로서 산수가 수려한 청적지역으로 유기농업의 시작 지역이자 유기농업의 메카입니다. 특히 지역특화작물인 유기농채소, 딸기, 오디 등 소득작물과 체험교육농장이 발달된 지역이면서 운길산과 자전거도로 등 빼어난 경관으로 수도권 주민들이 많이 찾는 지역입니다. 그러나 1차 농업생산만으로 농가소득 확보와 변화되는 소비자 수요를 따르지 못하는 어려운 현실을 안고 있습니다. 특히 상수원보호, 그린벨트 등 각종 규제로 농업시설 설치에도 어려움을 겪고 있습니다. 이런 배경 위에서 지역 농업인의 안타까운 마음을 같이하면서, 법이 정하는 테두리 내에서 농업의 6차산업화를 통한 부가가치 향상과 소비자 수요에 맞는 농업으로의 변화와 농가소득 배가의 길을 찾고 있습니다.
　이에 대한 고민의 결과로 이번 딸기, 오디 6차산업수익모델 시범사업은 큰 의미가 있습니다. 사업을 추진하는데 많은 장애와 난제를 지역농업인의 적극적인 참여로 슬기롭게 해결해가는 모습이 우리나라 농업발전의 작은 모델이자 모범적인 사례로 발전될 것입니다. 이번 수익모델사업은 시작에 불과합니다. 앞으로 본격적인 특화작목의 브랜드화로 농가소득 향상을 위해 농업기술센터에서는 지역농업인의 의견을 반영한 사업추진에 최선을 다하겠습니다. 지역농업인들도 긍정적이고 창조적인 생각과 협력으로 남양주 농업발전의 한 축을 담당해 주실 것을 믿어 의심치 않습니다.
　지속가능한 농업과 농업인이 행복하고 살기 좋은 농촌으로 바뀌는 시대가 하루빨리 오길! 그날을 기대해 봅니다.

COLOR FOOD COLOR ROAD

건강한 길, 건강한 먹거리를 지향하는
슬로라이프·슬로푸드 공동체

경기도 남양주시 남쪽, 북한강과 남한강이 마주쳐 팔당호를 지나 한강 본류로 이어지는 곳에 위치한 조안은 다산 정약용 생가를 중심으로 한 다산유적지로 유명하다. 다산 정약용은 생전에 딸기와 오디 재배의 중요성을 역설하였는데, 5천명이 채 넘지 않는 인구가 살고 있는 조안은 이러한 역사적 배경 위에 딸기와 오디 재배가 많이 이루어지고 있고, 최근에는 슬로라이프를 이루어가는 전원주택으로, 예술가들의 공방으로도 관심을 받고 있다.

특히 남양주 조안은 제주의 올레길에 버금가는 다산길 12개 코스 중 8개 코스가 지나고 있는데, 북한강자전거길의 수려한 풍광과 운길산, 두물머리, 물의정원, 다산생태공원 등이 유명하다. 이와 함께 수도권 인근 농산물 재배지의 장점을 극대화한 체험농가가 다양한 형태의 체험을 선보이며 체험관광으로 지역경제의 활성화에 이바지하고 있다. 이렇듯 생산, 가공, 서비스의 장점을 극대화하여 농업의 6차산업화에 앞장서는 유기농딸기농가, 오디농가들을 중심으로 2017년 만들어진 것이 다산길영농조합이다. 다산길영농조합은 남양주시에서 지정한 다산길의 핵심 마을이라는 상징성으로 이름을 정하였다고 한다.

조안은 거의 전 지역이 그린벨트이면서 상수도 보호지역으로서 농업 뿐 아니라 다양한 분야에서 강력한 규제가 이루어지는 곳이다. 따라서 6차산업화의 대표적인 형태인 판매장 등 서비스 제공 형식의 구성은 현실적으로 불가능하고 개별 농가의 재배능력 증대를 통한 생산력 강화와 마케팅, 체험프로그램 차별화를 위한 지역 공동의 목표를 갖고 농업의 발전이 이루어져야 한다. 이것이 바로 다산길영농조합의 지향점이 되고 있다.

다산길영농조합의 상징들. 맨 위부터 조합 로고, 다산길유기농딸기 로고, 딸기 캐릭터 딸기군, 오디 캐릭터 오디양, 다산길오디 로고

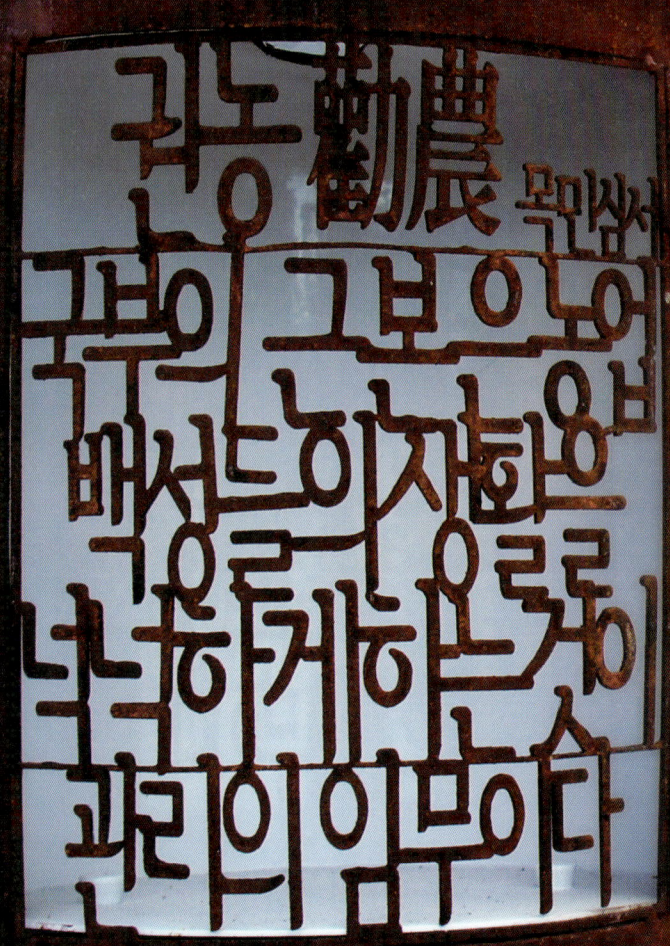

勸農

정약용은 『목민심서』의 권농 조를 통해 농민과 수령이 해야 할 일과 농업기술을
12개 조로 나누어 실학적인 지식을 기반으로 구체적으로 설명하고 있다.
정약용은 농업의 필요성을 역설하며 정밀한 농업기술을 전파하기 위해
지도자들이 각성할 것을 강조한다.
특히 지역 특성을 잘 이해하고 지역에 맞는 농업기술의 전파를 중요하게 설명하고 있는데,
면세 조치를 통한 농지개간의 중요성과 논농사 외에도 밭농사, 원예, 목축, 양잠, 길쌈을
권장하는 등 다양한 실용적 방법과 해결책을 제시하여
농업의 발전이 국가경제의 발전과 맞닿아 있음을 강조하고 있다.

함께 조안

행복한 조안의 사람 사는 이야기, 지금 만나러 갑니다.

행복을 일구는 농부 딸기를 말하다

남양주유기농딸기연구회 회장으로,

그리고 농업의 6차산업화를 통한 조안 지역 체험농장의

발전을 위해 새롭게 설립된 다산길영농조합의 회장으로서

온갖 궂은일을 마다하지 않으며

농장관리에도 모든 정성을 쏟는 것으로 유명한

주재성 농부에게 살아가는 이야기를 들어보았다.

다혜농장 :: 주재성 농부

다혜농장의 딸기는 일단 맛있다. 거기에 덤으로 이쁘기까지! 특별한 맛의 비결이 당연히 궁금한데, 농부의 대답이 근사하다.

"농장 이름을 사랑하는 딸아이의 이름을 따서 지었어요."

맛있는 딸기를 위해 최신 기법을 도입하고 리뷰농법 등 많은 투자를 아끼지 않기로 유명한 농부의 입에서 나온 의외의 대답이 무릎을 탁 치게 만든다. 사랑하는 딸의 이름을 걸고 길러내는 딸기가 어찌 예쁘지 않을 수가, 맛있지 않을 수가 있겠는가! 먹는 순간 행복감을 주는 맛의 비밀이 한 번에 이해되었다.

"원래 고향이 이곳인데, 지금은 구리에 집이 있어서 매일 농장으로 출퇴근하고 있어요. 직장생활을 하다가 농부가 되었지요."

조안은 집을 짓는 데 여러 가지 제약이 많아 주재성 농부처럼 집은 다른 지역에 두고 출퇴근하면서 농사를 짓는 경우가 많다고 한다. 한겨울 혹독한 추위가 기승을 부리는 새벽 어름이나 눈이나 비가 갑자기 많이 내려 급히 관리를 해야 하는 경우에는 농장 근처에 집이 있는 것보다 어려움이 많은 것도 사실이다. 하지만 그만큼 더 신경을 쓰게 되고 항상 만반의 준비를 하면서 모든 경우를 대비하고, 또 시행착오를 줄이기 위해 해마다 더 많은 연구에 몰두하게 되는 것이다.

직장생활을 하다가 IMF 이후 1999년에 조안에 자리를 잡게 되었다. 생소한 일이라 모든 것에 어려움이 많았다. 처음에는 샐러리를 심었다. 딸기를 재배하고 싶었지만 이미 다른 분들이 하고 있는 딸기를 무턱대고 건드릴 수가 없었다고 한다.

"저는 복이 많아서 그런지 형님과 동네분들이 많이 도와주셨어요." 형님을 비롯해 많은 분들의 도움으로 딸기 농사도 할 수 있게 되었고, 큰 규모로 딸기 농사를 짓고 있는 형님이 체험객이 넘칠 때는 다혜농장으로 손님을 안내해 주곤 하시면서 지금의 농장이 될 수 있었다고 하면서, 모든 것이 복 받은 삶이라고 겸손하게 자기를 낮춘다. 스스로를 복이 많은 농부라고 부르는 주재성 농부. 그런 겸손함이 오늘의 다혜 농장을 만들지 않았을까? 복이 많은 사람이 있다기보다는 긍정적으로 생각하는 사람에게 복이 찾아오는 게 아닐까!

"딸기는 15개월 농사예요. 육묘가 80%를 차지할 만큼 중요하기 때문에 저는 직접 육묘를 키워 기른답니다. 그게 진정한 농사라고 믿기 때문이죠." 육묘를 사다 기를 수도 있지만 이런 작은 노력부터 직접 해내며 복을 만들어 낸다. 지금은 자신이 받은 것들을 나누는 삶을 실천하고 있다. 새롭게 귀농하는 이들을 위해 기술 전수도 마다하지 않고, 연구회와 다산길영농조합을 맡으며 공동체의 발전을 위해서도 온 힘을 쏟고 있다. 복은 찾아오는 것이 아니라 스스로 만들어 낸다고 하는 이치를 마음 깊이 새기게 된다.

다혜농장
남양주시 조안면 송촌리 303-2
blog.naver.com/wn731906

농부의 열정, 새로운 농법으로 꽃 피다

생명농장 :: 윤한규 · 정연정 농부

소박한 연보라 감자꽃이 농장 초입에서 반긴다. 처음 보는 감자꽃이 신기한지 아이들이 작은 손으로 처음 보는 감자꽃을 만진다. 감자꽃도 살랑살랑 미소로 답한다. 상추, 치커리, 감자 등 딸기 외에도 밭작물이 다채롭다.

생명농장주는 농업에 대한 열정이 남다르다. 20여 년 전부터 농업을 연구했기에 역사와 이야기도 다양하다. 초창기 포도 농사를 지을 때는 쇠뿔로 땅의 기운을 돋우었다고 한다. 윤한규 농부는 생명 농법에 대해 더 알고 싶어 직접 유럽으로 날아가 농업 견학도 했다. 이 일대에서 첫 딸기 농사에 참여도 하고 그린농업대학도 졸업하는 등 수많은 시도를 했다. 최근에는 조안면에서 처음으로 친환경 무농약 고설재배를 시도해 보고 있다. 고설재배란 땅이 아닌 인공시설물에 작물을 키우는 농법이다. 시설이 깔끔하고 몸을 구부리지 않아도 체험이 가능하여 몸이 불편한 장애인이나 임산부도 체험이 가능하다.

친환경농법이 힘들고 어렵지만

사람과 함께 작은 벌레 하나도

같이 숨 쉴 수 있기에

진짜 사람을 위한 가장 행복한 농법이라고 강조한다.

　체험객들을 위해 여러 체험 프로그램을 개발했는데, 특히 삼겹살 체험은 가족단위 체험객들에게 인기가 높다. 상추, 깻잎, 치커리, 감자 등 밭에서 방금 딴 채소를 즉석에서 삼겹살과 같이 먹으니 그 맛이 도시에서 먹는 맛에 비할 바가 아니다. 한번 먹어본 사람들은 금방 알아차려 발길이 줄을 잇는다. 아이들에게는 피자 만들기 프로그램이 인기인데 작물을 따는 것에서 그치지 않고 그 작물로 직접 피자를 만들어 볼 수도 있다. 농장 체험장 한쪽에 피자 굽는 화덕에게 아이들의 사랑스러운 눈길이 꽂힌다.

　딸기 맛의 비법을 묻자 농부가 생각에 잠긴다. 당연히 농사 비법이 그리 단순한 것일 리 없다. 같은 작물의 농사를 지어도 토질과 농부의 손길에 따라 농작물의 맛이 다르다. 딸기의 맛은 당도 외에도 딸기의 단단함과 무르기, 향 등, 여러 가지 요소가 복합적으로 어울어져 만들어진다. 이 모든 것들을 최적화하여 우리가 직관적으로 느끼는 '맛있다'가 되기까지 농부의 수많은 노력이 숨어 있는 것이다. '딸기의 맛만은 자신이 있다'고 말하는 농부의 두 눈이 반짝인다. 농업에 관한 열정과 자부심이 남다름을 느낄 수 있다. 다양한 작물 재배로 농한기가 따로 없이, 사계절 내내 바쁜 생명농장. 생명농장에서 앞으로도 시도될 여러 농법과 농업에 대한 열정을 응원한다.

www.생명농장.kr
남양주시 조안면 송촌리 363-2

엄지척! 미스터 김

한사랑딸기농장 :: 김세준 농부

한사랑 농장 입구에 들어서면
깔끔한 체험장이 쭉 펼쳐져있다.
정갈하고 반짝반짝
윤이 날 정도로 관리가 잘 되어있다.
비결은 가족이 함께하는
'집중력'에 달려있다.

늦봄, 약속을 잡고 간 농장에는 마침 외국인 관광객들의 딸기체험이 한창이다.
평소 경험해보지 못한 즐거움에 어른 아이 할 것 없이 모두 체험에 열심이다.

"다른 일로 정신이 분산되지 않으려고 가족 모두가 농장에 모든 정성을 쏟고 온 신경을 집중해요."

    체험 장 안에서는 체험객들이 딸기잼을 만들고 있고, 한쪽에서는 김세준 농부의 어머니가 딸기를 다듬고 있다. 딸기밭 하우스에서는 김세준 농부의 동생이 체험객들을 안내하면서 불편한 점은 없는지 세심하게 하나하나 살핀다.

    한사랑 농장의 또 하나의 특징은 외국인 관광객도 딸기 수확 체험을 하러 온다는 사실이다. 외국인들은 홍콩, 싱가포르, 태국 등 국적도 다양하다. 더운 기후에 살아서 딸기를 좀처럼 볼 수 없는 이들에게 유기농 딸기밭은 눈으로 보는 것 자체만으로도 새로운 경험이다. 보는 것을 넘어서 직접 바구니를 들고 딸기밭에 들어가 탐스러운 딸기를 한 알씩 따 보는 일은 이국 여행에서의 잊지 못할 이색 체험이다. 관광객들은 딸기밭에 들어가서 한 손에 투명 팩을 들고 조심스럽게 딸기 한 알을 딴 후 딸기를 요리조리 둘러보고 향을 먼저 음미하고 맛을 본다. 딸기를 한 입 베어 물고 함께 온 일행들과 시선을 나누며 미소 짓는다. 모두들 딸기 따기가 처음이라 얼굴에는 웃음기가 가득하고 눈은 초롱초롱 빛난다. 딸기를 딴 후 삼삼오오 모여서 딸기잼을 직접 만들면서 이야기꽃을 피운다. 이국에서의 색다른 추억을 남기기 위해 이따금씩 포즈를 취하면서 사진에 담고는 딸기잼이 눌어붙을까 봐 다시 열심히 젓는다. 각 나라, 각 지방의 먹거리는 기후와 문화의 복합적 산물이다. 이방인들의 눈에 딸기잼은 바로 조안면의 기후와 주민이 만들어 낸 조안면만의 문화 체험이다.

    체험객들이 딸기잼을 맛보고 김세준 농부한테 엄지를 척! 올려준다. 그 어떤 말보다 많은 것이 담겨있는 '엄지척!'에 김세준 농부는 농사의 고단함을 잊는다.

한사랑딸기농장
남양주시 조안면 송촌리 356-1
www.hansarang62.com

주경야경 晝耕夜景,
조경사 꿈꾸는 딸기농부

쌍송유기농딸기체험농장 :: 이향교 농부

거수(居水)에 이러커든 거산(居山)이라 우연(偶然)하랴

산방(山房)의 추만(秋晚)커날 유회(幽懷)를 둘대업서

운길산(雲吉山) 돌길에 막대 딥고 쉬어 올나

임의소요(任意逍遙)하며 원학(猿鶴)을 벗을 삼아

교송(喬松)을 비긔여 사우(四隅)로 돌아 보니

천공(天工)이 공교(工巧)하야 뫼 빗츨 꾸미난가.

물놀이가 이렇게 즐거운데 산에 사는 재미야 더 말해 무엇하리
깊은 산속 거처에 늦가을이 찾아오니 그윽한 회포를 가눌 길 없어
운길산 돌길을 지팡이 의지하여 쉬엄쉬엄 오르면서
내 맘대로 이리저리 거닐며 원숭이와 학들을 벗삼으며
큰 소나무 사이로 사방을 돌아보니
조물주 솜씨가 참으로 정교하게도 산의 색을 꾸몄구나.

사제곡(莎堤曲) 中

　앞의 시는 노계 박인로 선생의 사제곡(莎堤曲) 중 일부이다. 한음 이덕형 선생의 절친인 박인로 선생이 용진사제(龍津莎堤)로 내려와 소요자적(逍遙自適)하는 이덕형 선생의 모습을 글로 담았다. 용진사제란 한음선생이 말년을 지내시다 돌아가신 남양주 운길산 남쪽 기슭 북한강 북쪽의 동네, 현재의 조안면 송촌리 일대이다. 사제곡에도 나오듯 대대로 이 일대는 소나무가 많아 송송골이라 불렸다고 한다. 이덕형 선생의 후손인 이향교 농부가 운영하는 농장에도 소나무 두 그루가 나란히 자라고 있다. 쌍송농장은 두 개의 소나무라는 뜻을 담고 있다. 선대의 뜻을 받들어 대대로 조안면을 지키며 딸기를 키워 온 이향교 농부. 바쁜 농사일을 하면서도 딸기연구회, 주민자치위원 분과장, 조안면 경영인 회장 등 여러 직책을 겸하면서 밤에는 틈틈이 조경공부를 해 조경자격증도 취득했다.

　때로는 하우스를 고치고 만드는 목수로, 체험객을 반기는 농장주로, 딸기 수분을 위한 벌을 키우는 양봉가로, 미래의 정원을 가꾸는 조경사로 여러 모습으로 변신하며 바쁘게 활동하면서도 자랑할 게 하나도 없다며 쑥스럽게 웃는다. 굳고 어려운 일을 당연히 해야 하는 일이라며 무심한 듯 척척 해나가는 이향교 농부에게서 질기고 힘찬 농업의 힘이 느껴진다. 농장 한편에는 아직 시험단계인 여러 식물이 자라고 있다. 박인로 선생의 시구에 나오는 조안의 자연을 닮은 정교한 솜씨가 녹아들 조경도 기대해 본다.

쌍송유기농딸기체험농장
www.ddalgifarm.kr
blog.naver.com/lhk5350
남양주시 조안면 송촌리 98-1

사람을 만나고
꽃을 만나고
생명을 만나고
삶을 만나는
공간

조안

다정도 병,
송촌리 다정한 딸기엄마

표씨농장 :: 표상훈, 이상옥 농부

유난히도 어린이 손님이 많은 표씨농장. 입구부터 삐뚤빼뚤 손으로 쓴 아이들의 편지가 반긴다. '딸기를 키워주셔서 감사합니다', '농부아저씨 사랑해요'. 어린이 손님들은 통통한 뺨이 빨개지도록 한가득 딸기를 입에 넣으며 '맛있어요'를 연발한다. 흐뭇한 엄마 미소를 지으며 아이들을 바라보는 농부의 눈길이 정답다.

'유기농' 세 글자를 위한 수고는 도시인들이 생각하는 것 이상으로 많은 정성이 필요하다. 농약을 사용하지 않고 작물을 키워내야 하므로 몇 날 며칠 쪼그려 앉아 일일이 손으로 진딧물을 떼어내는 수고를 감수한다. 화학비료 도움 없이 자연의 힘만으로 작물을 키우기 위해 블루길, 베스 등 유해어를 잡아 자연퇴비를 직접 만들기도 한다. 이렇게 건강한 유기농 딸기는 농부의 땀으로 자라난다.

"유기농 농사일이 힘들지만 미래의 건강한 친환경 농업에 일조하는 것에 보람을 느껴요"라고 말하는 이상옥 농부는 이런 노고를 인정받아 얼마 전 '친환경농업발전 유공표창'을 받았다고 자랑하며 쑥스러운 미소를 짓는다. 아이들과 더 잘 소통하기 위해 '농어촌 체험지도사' 자격증도 따며 항상 연구하는 삶을 사는 농부 엄마의 이런 짝사랑을 도시에 사는 아이들은 알 수 있을까?

송촌리 부녀회장으로 활동하며 동네의 장례와 잔치, 체육대회, 주말 슬로시티 장터 등 좋은 일, 슬픈 일을 살뜰히 챙기며 마을일에 발 벗고 나선다. '다정도 병'이라는 옛 싯구처럼, 안 아픈 곳이 없다며 허리를 두드리면서도 체험 온 아이들에게 줄 잼이 타지 않게 열심히 딸기를 젓는 주걱 놀림이 분주하다. 농부는 지금 정이 많아 생긴 다정병을 앓고 있다. 얼마 전엔 농장의 누렁이 멍순이까지 주렁주렁 새끼들을 낳았다.
　어머니들은 어찌도 이리 주렁주렁 탐스럽게 키워내실까. 정이 듬뿍 담긴 딸기가 오늘도 이랑에서 주렁주렁 커간다.

표씨농장
남양주시 조안면 송촌리 287-2
www.pyo-farm.com
blog.naver.com/pyosanghun8640

사람과 자연, 생명이 함께 하는 삶

마뜰농원 :: 최동교 · 이경숙 농부

농원 주차장에 알록달록한 미끄럼틀이 보이고, 여기저기서 까르르하는 아이들 웃음소리와 조잘대는 소리가 들려온다. 뭐가 그렇게 재미있는지 궁금해서 웃음소리를 따라 가면 동물 우리가 보인다. 아이들이 동물 우리 앞에 올망졸망 모여 꽃사슴, 백사슴과 대화하고 있다. 세상을 하나씩 배워가는 아이들한테 모든 생명체는 대화 상대가 된다. 뒤에서 이런 아이들의 모습을 흐뭇한 시선으로 바라보고 있는 최동교 농부 부부.

"다 내 친손주 같아서 애들이 웃는 거 보면 저절로 웃음이 나죠. 애들이 뭘 좋아할까 늘 궁리하게 돼요."

'딸기를 가꾸고 농사짓는 일이야 품이 많이 들어 힘들지만 딸기농장 덕분에 손주 같은 아이들과 즐겁게 보낼 수 있어서 축복'이라며 최동교 농부는 웃는다. 농부는 어떤 걸 갖추면 아이들이 좋아할지 궁리하고 물품과 시설을 손으로 뚝딱뚝딱 만들어낸다. 동물 우리, 원두막, 농부의 손길이 곳곳에 스며있다. 딸기농장을 운영하고 가꾸기 위해서 딸기 농사만이 전부는 아니다. 체험객의 눈높이에서 배려하고 관심사를 유발할 수 있는 걸 생각하는 일도 농장 운영에 중요한 역할을 한다. 더불어 농장을 찾은 체험객들에게 일회성 이벤트가 아니라 기억에 남는 일이 무엇일지를 늘 궁리한다.

농부의 아내는 꽃을 좋아해서 야생화 연구회원으로 활동하고 있다. 체험교육장 안뜰에 다양한 꽃화분들이 시선을 잡아끈다. 농부의 관심사를 찾아오는 모든 이들과 함께 나누는 공간이기도 하고, 아이들한테는 다양한 식물을 직접 보고 느낄 수 있는 기회를 주는 공간이기도 하다.

농사일뿐 아니라 삶의 즐거움을 부지런히 능동적으로 찾아나서는 농부 부부의 모습에서 행복의 체취를 엿볼 수 있다.

마뜰농원
남양주시 조안면 북한강로 301번길 7-11
www.matteul.kr

딸기에 味치다

딸기랑 소나무 숲길 한림 하눌타리 농원 :: 김연진 농부

하눌타리 농원 간판이 보이는 곳에 소나무가 사방을 에워싸고 있다. 딸기 농장에 소나무 숲이라니… 먼저 소나무가 빼곡하게 서 있는 작지만 제법 숲으로 우거진 소나무밭으로 가본다. 귀여운 곰돌이 푸 가족이 소나무 숲을 지키고 있다. 푸 가족 옆에는 낮게 피어난 꽃들이 싱그럽다. 늘 높은 곳만을 보다가 곰돌이 푸 가족과 땅에 가까이 있는 꽃을 보기 위해 눈높이를 낮추어 앉아본다. 보이지 않은 작은 것들을 바라보게 하고, 바쁜 생각들은 잠시 내려놓고 앉아서 가만히 무념무상에 빠져보라고 유혹하는 하눌타리 농장.

하눌타리 농장을 운영하는 김연진 농부는 뉴질랜드에서 원예를 공부했다. 소나무는 돌아가신 아버지의 흔적이고 이를 잘 보존하면서 조안면의 특산물인 딸기를 접목하여 농장을 독특한 분위기로 가꾸었다. 소나무와 딸기의 조합에 관한 이야기를 듣고 나니 하눌타리 농장은 2대가 공존, 공생하는 농장임을 알게 되었다.

비록 아버지는 곁에 없지만 아버지의 뜻을 이어가는 방법을 찾은 김연진 농부는 원예뿐 아니라 뉴질랜드에서 요리도 공부했다. 슬로푸드, 조안황토요리대회에서 수상경력이 있다. 딸기 와인, 솔잎청으로 식초를 만드는 솔잎식초, 딸기 리코타치즈 샐러드, 딸기 찹쌀떡 등 그녀가 가지고 있는 딸기 활용 레시피는 그 자체로 보물단지와 같다. 그뿐만 아니라 천연 딸기향을 이용한 석고 방향제, 양초, 디퓨저 등 보너스 아이템들이 무궁무진하다. 향긋한 딸기 냄새가 코끝에 전해지는 듯하다.

"석고 방향제나 아이스크림을 준비하려면
품이 많이 들지만 오히려 제가 좋아서 해요"

딸기농장 체험을 오면 석고 방향제를 즉석에서 만들어서 선물로 주기도 하고, 딸기 아이스크림을 직접 만들어보는 프로그램까지 운영한다. 곰돌이 푸 컵에 우유와 딸기를 넣고 푸가 격렬하고 신나게 춤을 추도록 흔든다. 위, 아래, 위, 아래. 가끔은 옆으로도 흔들흔들. 까르르 하는 아이들의 웃음소리가 체험장 안에 가득하다. 이렇게 웃다가 뚜껑을 열면 아이스크림이 짠~ 하고 나타난다. 곰돌이 푸에서 태어난 아이스크림.

곰돌이 푸를 흔들면서 아이뿐만 아니라 어른도 잊고 있던 동심으로 돌아갈 수 있는 시간을 선물해준다.

딸기랑 소나무 숲길 한림 하눌타리 농원
남양주시 조안면 송촌리 395-1
www.hanultary.com

childlike

童心, 아이같이 순수한, 아이의 마음
조안에서 **순수**한 **마음**을 만나다

남양주송촌초등학교
아이들과 선생님들

학부모의 열정과 선생님의 에너지가 함께 만들어가는
작은 시골학교의 하루

일명 강마을학교라 불리며 반짝이는 북한강 물줄기와 운길산 자락의 풍광을 뽐내는 남양주송촌초등학교는
지역 주민들의 열정으로 일찍이 1910년대에 세워진 근대식 배움터 위에,
1930년 덕소국민학교 송촌간이학교, 1950년 송촌국민학교로 정식 개교한 이래
2011년에는 혁신학교로 지정되어 내일을 준비하는 살아있는 교육을 실현해오고 있다.
전교생 모두와 친구로 지내는 젊고 인상 좋은 교장 선생님이 들려주는 이야기 속에 지역과 학교에 대한 사랑이 가득하다.

    운길산의 기운과 북한강의 여유가 한 폭의 그림처럼 어우러진 마을 조안면 송촌리. 그 중심에 작고 아름다운 송촌초등학교가 있다.

    전교생 100여 명의 아이들과 열정적인 교원들이 함께 하는 7년차 혁신학교. 이미 내가 부임하기 전부터 교육적 열정을 가진 관내 교사들이 중심이 되어 다양한 교육과정과 배움이 있는 수업을 만들어 가고 있는 매력적인 학교다.

    1년 6개월 전에 교장공모 심사를 보러 왔다. 운동장에는 학교 규모에 비해 다소 많은 차량들이 있었다. 심사장에는 예상외로 많은 학부모님들이 계셨다. 일반 공모학교의 모습은 분명 아니었다. 학부모님들의 교육적 열의와 관심을 짐작할 수 있었다. 많은 긴장 속에 진행된 심사였지만 중간중간에 일면식도 없는 학부모님들의 격려가 있었고, 응원의 메시지는 그 당시 큰 힘이 되었다. 시골학교의 작고 평범한 혁신학교로만 생각했었는데, 학부모님들의 열정과 관심은 어떤 큰 학교보다 거대했다.

    학교는 이미 '문화예술교육'과 '4이랑 교육과정', '온작품 읽기' 등 다양한 체험과 실행 중심의 교육과정으로 무척 분주하게 돌아가고 있었다. 이를 위한 선생님들의 에너지 그리고 노고와 분투(?)는 참 대단해 보였다. 공모교장 심사 때 학부모님들이 왜 그리 많이 참여했는지 자연스레 이해되었다.

    송촌초교는 학생, 학부모, 지역사회, 교직원이 모두 함께 참여하는 교육공동체이다. 특히 이런 공동체의 가치를 고스란히 담아낸 협의체가 송촌교육발전협의회인데, 명승의 주지스님, 역사와 전통이 있는 용진교회, 5개리 이장님, 학교운영위원, 학부모 회장단, 교직원 이렇게 대략 15명 내외로 구성되어 있다.

학교의 교육발전을 위해 지역이 어떻게 함께 호흡할 것인지 논의하고 여러 가지 성과를 나누며 협력관계를 유지하며 정기적인 모임을 통해 운영되고 있는 지속가능한 학교 발전을 위한 매우 중요한 논의구조이다. 협의회 중 수종사 주지스님께서 가을에 절과 교회가 함께 족구시합을 하고 학교장이 심판을 보는 행사를 가져보면 어떨까 제안하셨다. 굉장히 참신하고 따스한 인간미 넘치는 일이다. 이렇듯 지역사회가 함께 어울릴 수 있는 장으로서 학교가 있다는 것은 정말 행운이다.

사회가 점차 자본화될수록 잊지 말아야 할 우리 삶의 중심이 이런 공동체적 가치를 나눠가는 삶이 아닐까 싶다.

오늘도 아이들의 웃음소리와 열정적 교사의 모습이 있는 작지만 아름다운 학교, 송촌초에서 이런저런 교육적 상상을 함께 꿈꾸고 만들어 본다.

송촌초등학교 교장 **제평섭**

딸기박사 조안박사

다솜농장 :: 주재동 농부

　　새도 쉬어간다는 편안한 마을 조안. 그중에서도 다솜농장에 들어서자 농장 마당의 사과나무에 작은 새집이 앙증맞다. 저 작은 공간에서도 새가 잠시 몸을 쉬다 갈까? 널찍하고 정돈된 마당에 비닐하우스 행렬이 제법 길다.

　　우리나라 근대농업교육의 선구자 봉안교회 김용기 장로님의 권유로 5대째 같은 자리에서 살고 있다는 다솜농장의 주재동 농부는 마을의 역사와 이 지역 농업에 대해서 해박한 지식과 비전을 갖고 있다.
　　자세히 보아야 예쁘다는 말처럼 무심코 지나치는 길이나 장소도 역사를 알면 더 의미가 깊어진다. 예로부터 서울과 인접한 지역 특성상 이곳에서 배로 한강 뚝섬으로 농산물을 납품했다며 농부는 조안면의 농업 역사도 훤히 꿰고 있었다.
　　주재동 농부로부터 조안의 유기농 딸기에 대한 역사를 자세히 들어보았다.

조안 지역 딸기 재배의 시작은 유기농 채소 재배 농가들이 약 25년 전 두물머리라 불리는 양수리에서 딸기농사를 짓던 한 농가로부터 재배기술과 시설에 대한 지식을 습득하면서부터 시작되었다고 한다. 처음엔 능내리, 조안리, 송촌리 2~3농가에서 딸기 재배를 시작하게 되었고, 이것이 점차 발전하면서 조안면이 남양주시의 딸기 농사의 중심이 될 수 있었던 것이다.

2000년대로 넘어서면서 수확체험을 중심으로 한 딸기농가가 20여 농가로 확대되었고, 10여 년 전부터는 30 농가 이상으로 늘어나 딸기 수확체험과 직접판매, 시장출하를 통해 소득의 다변화를 꾀하고 있고, 2016년부터는 농업의 6차산업화라는 공동의 목표를 가지고 다산베리, 다산길딸기라는 브랜드를 통한 홍보를 강화하는 등 지역 경제 활성화를 위해서도 많은 노력을 기울이고 있다고 한다.

들려주는 말씀 하나하나에 조안과 딸기농사에 대한 애착과 기대의 크기를 가늠할 수 있다.

조안은 2010년 슬로시티로 지정이 되었는데, 아름다운 경관과 함께 문화적 토대가 이미 마련되었다고 할 수 있다. 슬로라이프라는 그저 단순하고 피상적인 건강, 먹거리가 중심이 되는 게 아니라 생활 방식, 철학 등을 가지고 성찰하면서 삶의 깊이를 만들어나가는 움직임으로 발전해 나갔으면 한다는 바람도 있다. 같은 의미에서 조안이 딸기 따기 체험으로 많이 알려져 있는데 단순히 딸기를 따서 먹는 체험에서 그치지 않고 그 체험이 미래의 가치를 깨닫는 친환경 교육의 발판이 되기를 바란다고 한다.

앞으로 노동집약적 농업보다는 기술집약적인 농업을 배우기 위해 선진화된 일본 농가 견학을 계획하고 있다. 시장 물건이 아닌 특별한 농산물을 생각하는 농부는 작은 면적에서 엄청난 부가가치를 만들고 싶다는 포부를 가지고 있다. 앞으로 이곳 농가들과 연대하여 조안의 미래를 같이 고민하고 싶다는 주재동 농부. 조안과 함께 더욱 커갈 농장의 깊이 있는 발전을 기대해 본다.

다솜농장
남양주시 조안면 송촌리 304
https://pa2011.modoo.at
blog.naver.com/pa2011

가고 싶은 곳,
오라고 반기는 곳,
오삼~팜

오삼~팜 유기농딸기체험농장 :: 김명배 농부

　강변에 부는 바람이 시원하다. 물의 정원을 지나 달리는 자전거들이 속도를 높여 경쾌하게 쌩 지나간다. 쭉 뻗은 자전거길 옆으로 나무 그늘이, 그 아래 파라솔이, 길 옆에 정갈하게 놓인 통나무 의자가 잠시 쉬었다 가라고 유혹하는 듯하다. 왠지 들어가 보고 싶은 농장 오삼팜 유기농 딸기체험농장. 농장 이름이 특이하다. 무슨 뜻일까? '어서 오시고 많이들 오시라는 뜻의 오삼~ 입니다.' 예상치 못한 재미있는 답변에 절로 미소가 지어진다. 가고 싶은 농장을 만들고자 하는 김명배 농부의 오랜 고민과 철학이 느껴지는 이름이다.

　농부의 아침은 세심한 비질로 시작된다. 아침이면 자전거 타는 분들이 돌에 걸려 넘어지지 않을까, 혹시 통행에 불편한 것은 없는지, 길을 살피는 것에서부터 하루를 시작한다. 들어가고 싶은 곳인지 저 멀리 자전거길에서부터 농장입구까지 걸어가 본다. 들어가 보고 싶은 곳은 깔끔해야만 한다며 청결을 최우선으로 생각하고 농장 안과 밖을 살뜰히 챙긴다. 깔끔한 농장이라 소문나서인지 국내외 방송국의 섭외가 끊이지 않는다. 최근에는 <우리 집에 사는 남자>, <모던 파머> 등의 드라마 촬영 장소가 되면서 방송에 나오기도 했다.

대를 이어 농사를 짓고 있는 김명배 농부의 '친환경 유기농'은 가슴 아픈 일로 시작됐다. 농부의 아버지가 밭일을 하다 그만 농약중독으로 쓰러진 것이다. 바로 옆에서 그 모습을 목격하고 누구보다 절실한 마음으로 유기농에 관심을 가졌다. 관심은 배움으로, 또 실천으로 이어져 지금의 유기농 딸기농장에 이르렀다. 보면 먹어 보고 싶고, 어디에 내놓아도 먼저 손이 가는 딸기를 만들고 싶다는 김명배 농부. 비법을 묻자 부지런히 딸기와 교감해야 한다고 진지하게 설명을 한다.

"하늘이 하는 일을 농부가 거스를 수는 없어요. 다만 작물과 교감하며 그 소리에 귀를 기울여야 해요. 추운지, 더운지, 물이 고픈지, 해충이 아프게 하는지, 작물이 원하는 것에 때를 놓치지 않고 제때 교감하여 문제를 풀어줘야 합니다"

삼복더위에 밭을 갈고 매서운 찬바람에 꽃을 피워내야 비로소 이른 봄에 만날 수 있는 딸기. 농부는 쉴 새 없는 손으로, 다정한 눈으로, 부지런한 발로, 흐르는 땀으로 딸기와 교감한다. 쏴아아 북한강 물결 일렁이는 소리, 싸르륵 자전거 바퀴 돌아가는 소리, 쓱싹쓱싹 농부의 아침 비질 소리를 들으며 곱게 자란 딸기가 익어 간다.

오삼~팜 유기농 딸기 체험농장
남양주시 조안면 송촌리 317
www.오삼딸기농장.kr
53farm.blog.me

농업의 오늘을 진단하고 내일을 생각하다

남양주시농업기술센터 농업진흥과장 박노서

남양주시농업기술센터의 박노서 과장은
요즘 "웃는 모습이 멋있어요! 꼭 어떤 대통령님 닮은 것 같아요!"라는
덕담을 심심찮게 듣는다고 한다.
때론 진지하고 냉철한 눈으로,
때론 한없이 밝은 웃음과 유쾌함으로 지역 농민들의 세세한
소리까지도 귀기울이는 그는 어제도 오늘도
'남양주 농업의 밝은 미래를 꿈꾸고 계획하는 일'에 여념이 없다.
'창의적 인재 발굴만이 답'이라고 힘주어 말하는 그에게서
발전하는 남양주 농업의 전망과 급변하는 환경에 적응하며
선제적으로 추구해야 할 농업의 가치에
대한 생각을 들어보자.

남양주 농업의 미래 창의적 인재 양성

요즈음 농촌은 아기 울음소리가 그친지 오래된 것 같다. 희끗희끗한 머리와 깊게 패인 주름에 허리는 구부정한 어르신들이 논과 밭에서 일하고 있는 현실이 요즘 농촌 풍경이다. 최근에 농촌의 전체 인구 중 65세 이상 고령 인구 비율은 2005년 18.6%에서 2015년 21.4%로 증가하였고, 면 지역의 고령화율은 28.0%로 셋 중 한 명이 노인으로 나타났다. 경영주로 본 농가 인구는 107만으로 40세 미만 농가 수는 1만 1,300가구로 1.06% 정도에 불과하고, 반면 65세 이상인 경영주는 55.5%에 이른다.

2015년 통계청 인구총조사를 보면 산업화 이후 처음으로 인구가 증가한 것으로 나타났다. 1970년에 전국 대비 농가인구 비중이 58.8%에서 2010년까지 18.0%까지 지속적으로 감소하다 2010년 857만 8천명에서 2015년 939만 2천 명으로 5년 사이에 63만 1천명이 증가하여 농가인구 비중이 18.4%로 소폭으로 증가하였다. 이는 농촌 마을이 시 지역에서 1,410개가 늘어났고 군 지역에서 1,116개 감소한 결과로 행정 조직개편에 따라 군지역이 시로 승격하면서 나타난 결과도 영향을 미친 것으로 보이며, 농촌지역 내에서도 입지 조건에 따라 지역 간 인구 증감 현상이 다르게 나타나고 있는데, 남양주는 증가하는 도농복합시에 속한다.

최근 확인된 농촌인구의 반등은 과거와 구분되는 농촌 지역의 분화와 그에 따른 다양한 인구·사회변화가 복합적으로 작용한 것이다. 정주여건이 양호하고, 경제적 기회가 증가하는 시·군을 중심으로 전 국토에 걸쳐 폭넓게 나타나고 있으며 읍 지역으로 인구증가 현상이 두드러지게 나타나고 있고, 또 귀농·귀촌이 활발하게 추진되어 마을 공동체의 활력을 유지하는데 기여하는 것으로 보인다.

농촌 지역별로 다양하게 나타나는 인구·사회 변화에 대응하여, 농촌 지역에 대한 획일적인 정책 접근을 지양하고, 지역별·중심지별 차별화된 정책으로 전환이 요구되며, 인구변화는 양적 증가와 질적 증가가 동시에 이루어지면서 일부 인구 과소화지역의 정주환경 개선을 위한 정책의 전환이 혁신적으로 요구된다.

농촌개발 정책과제로 환경, 경관, 지역문화·예술 등 다양한 정주 수요 및 농촌의 가치를 농촌 개발정책의 영역으로 편입하고, 농촌지역의 활성화와 관련한 정책 아젠다와 적절한 지원 사업을 발굴·시행하는 것과 귀농·귀촌, 청년 창농 등 농촌지역의 새로운 인구 유입과 연계하여 6차산업화 정책을 중심으로 현재 추진하고 있는 농업, 농촌자원에 기반한 농촌지역의 생산 활동 육성 지원을 지속적으로 추진하여 경제 다각화 활동의 활성화를 위한 지역 차원의 전략적 접근이 중요하다.

예컨대, 현재 남양주시에서 추구하는 미래를 준비하는 창의적 인재 양성 교육과정을 보면, 먼저 그린농업대학·대학원 운영이 있다. 지역특화작목과 미래지향적 과정, 그리고 수요자가 선호하는 과정을 선정하여 대학 1년 과정은 4개 과 140여명, 대학원 1년 과정 2개 과 60명을 선발하여 과정별 합리적인 농장경영 및 과학영농 실천능력 향상과 기술혁신으로 농산업의 지속성장 실현을 위해 신소득작목, 체험, 6차농업, 이론+실습+연찬교육, ICT와 창조농업, 농산물가공과 전통식품, 해외기술연수 등 실기 실습을 중심으로 심층학습을 통해 전문농업인과 귀농인, 도시농업인을 양성하여 농가 소득 증대는 물론 남양주 농업과 농촌의 새로운 활력을 불어넣는데 크게 기여하고 있으며 올해까지 12년차에 걸쳐 운영해오고 있다.

또한 지속적으로 늘어나는 귀농·귀촌인(신규농업인)에게 안정적 정착을 위해 매년 100여명씩 1년 과정으로 추진하고 있으며, 2017년에는 체계적인 기초 영농기술교육과 농업정보를 제공하고 재배실습 교육을 통하여 성공적으로 농업·농촌에 정착할 수 있도록 유도하기 위해 수요자에 맞는 귀농, 귀촌, 작물재배 실습과정으로 세분화하여 교육함으로써 귀농 이주 초기의 경험 미숙 등에 따른 위험부담을 최소화할 수 있도록 재배실습 기회를 제공하여 농촌지역의 조기 적응 및 안정적인 소득 기반 마련에 중점을 두고 있다.

그 외 후계농업인 양성을 위해 신세대 농업경영 CEO아카데미과정을 통해 젊은 농업인 25명을 1년 과정으로 육성하여 연소득 2억원을 올릴 수 있도록 경영 및 신농업 기술교육을 추진하고 있으며, 약용식물전문교육, 국가자격증(조경, 유기농업기능사) 취득 교육 등을 통하여 자격증을 갖춘 전문농업경영인으로 양성하는 데 심혈을 기울이고 있다.

앞으로 더 발전된 남양주 농업 농촌을 만드는 데는 양적으로 늘어나는 도시농업인들을 더 새로운 정책과 과제를 발굴하여 실천하고 질적인 향상을 가져옴으로써 찾아온 귀농, 귀촌인의 빠른 정착을 유도하고 진화하는 농업을 지속적으로 추구하며 다산 정약용 선생의 편농, 후농, 상농의 삼농사상을 계승 발전시키며, 최근 4차산업혁명 기술의 발전에 따라 로봇이나 드론, 빅데이터 분석기술 등을 도입하여 차원 높은 농업을 추구함으로써 인류의 삶에 기본이 되는 농업을 굳건히 만들어야겠다.

조안... 새도 쉬어 가는 곳

조안, 새도 쉬어가는 곳, 북학

어르신의 뜻을 받들어!
인심 넘치는 윤기네

윤기네 유기농딸기농장 :: 김성일 농부

농부의 친구가 직접 만들어 주었다는 친근감 가는 나무 간판이 우뚝 서 있고, 하우스 안에는 목수 친구가 솜씨를 발휘한 흔들 그네가 꼬마 손님들에게 인기다. 시끌시끌 줄을 서서 기다리는 아이들의 표정에 설렘이 가득하다.

4년째 딸기 농사를 짓고 있다는 김성일 농부는 선대부터 이곳에서 농사를 짓고 있다. 농부의 아버지가 이곳에 비닐하우스 농법을 선구적으로 도입했고, 고생 끝에 자수성가로 밭을 일구셨다. 덕을 많이 베풀어 주변에서 보내는 존경도 남달랐다는 김영식 아버님. 아버지의 뒤를 이어 김성일 부부가 변함없는 마음으로 정성껏 작물을 기르고 있다.

딸기뿐 아니라 넓은 농장에 여러 쌈채소들도 키우고 있는데, 건강한 작물로 인정받아 아이들이 먹는 친환경 급식업체에 납품도 하고 있다.

"딸기는 다른 작물에 비해 신경이 많이 쓰이고 공부도 많이 해야 해요. 한 해 한 해 농사를 지을 때마다 새로운 걸 배우고 자연으로부터 많은 깨달음을 얻지요. 농업기술센터에서도 많은 교육도 받고, 연구회 회원으로도 활동하면서 서로 정보도 교환하면서 많은 공부를 하고 있지요"

딸기 하우스 가장자리에 많은 파를 심어놓은 것이 눈에 들어왔다. 이것도 역시 친환경농법을 지키기 위한 노력이라고 한다. "두더지가 파 냄새를 싫어하거든요. 이렇게 작은 정성을 모아 유기농 딸기를 재배하기 위한 다양한 노력을 기울이고 있지요."

역시 친환경 농법의 길은 멀고도 험하지만 그만큼 재미있고 기발하다!

윤기네 유기농딸기농장
www.ygberry.com
남양주시 조안면 송촌리 544

마트에서 구입하는 딸기만 생각한 체험객들은 신선한 딸기 맛과, 더 드시라고 권하는 농부의 후한 인심에 놀란다. 체험은 먹는 것만이 아니다. 익은 딸기를 구별하는 법과 딸기 따는 법을 배우고, 벌이 꽃에 수분해주고 꿀을 얻는 공생관계를 배운다.

가치를 아는 사람은 단골이 된다. 거기에 후한 인심까지 더해져 윤기네 유기딸기농장은 유독 단골 체험객이 많은 농장으로 인정받고 있다.

딸기는 자식 같아요

샘물딸기농장 :: 안동완·조영남 농부

조영남 농부는 한때 조안면의 활동가로 봉사활동도 많이 하고 부녀회장도 역임하는 등 지역사회에서 활발하게 활동했다. 요즘은 예전만큼은 외부활동이 많지는 않지만, 그래도 딸기만큼은 싱싱하게 유지하기 위해 더욱 최선을 다하고 있다. 농부가 딸기를 살피는 마음 씀씀이는 자식을 돌보는 마음과 같다.

샘물농장을 운영하는 농부는 적극적인 성격에 손맛이 좋아 한때는 시우리에서 닭볶음탕을 파는 음식점을 운영하기도 했을 정도다. 농부가 두루 거쳐 한 모든 일들은 자식을 키우는 뒷받침이었다. 이제는 성인이 된 자식들을 바라보면 농사일이 주는 고단함이 싹 풀린다고 한다.

"다음에 오시면 닭볶음탕 해 드릴 게요"

음식 솜씨 좋은 농부의 말에 또다시 발걸음을 재촉하게 될 것만 같다. 이런 어머니의 마음을 체험객들이 느껴서 한번 오면 다음 해에도 또 찾아오곤 한다. 이제는 도시에서 보기 힘든 너른 마당을 산책을 하거나 아이들이 온전히 흙 속에서 뛰어노는 것을 보는 것만으로 고향집에 온 듯한 기분이 든다.

샘물딸기농장 뒤편으로 돌아가면 멋진 배나무 한 그루가 서 있다.
배나무는 농장목으로 너른 마당을 지키고 있는데, 화려하지 않지만 늘 한결같은 농부의 일과를 지켜보는 듯하다.
마침 배꽃이 만개한 계절, 나무 아래서 환하게 웃고,
딸기를 한웅큼 내밀며 인자한 어머니의 미소를 짓는 농부의 모습이 아름답다.

샘물딸기농장
남양주시 조안면 송촌리 539

동요로 피어나는 조안의 행복

아지랑이가 더위에 못 이겨 꽃송이를 떨구어갈 때 즈음
조안면 송촌리 한적한 수풍무대에서 아이들의 작은 음악회가 열렸다.
행복과 열정을 가득 담은 지휘가 인상적이었던 강은화 씨를 만나보았다.

아이들과 즐겁게 어울리는 모습을 보고 학교 선생님인 줄 알았어요. 음악을 시작하신 계기는 무엇인가요?

어릴 적부터 사람들 앞에서 노래하는 것을 좋아했어요. 아버지가 동네 노래자랑에 나가 큰 프라이팬을 상품으로 타오는 걸 보고는 나도 노래자랑에 나가고 싶다며 트로트 '짝사랑'을 감칠맛 나게 불렀던 기억이 나네요. 중학생 때 시골 작은 학교에 음악 선생님이 오셨는데 그 선생님을 동경했어요. 선생님은 느티나무 아래에서 김소월 시인의 '초혼'이라는 곡을 멋있게 불러주셨어요. 그 후 선생님의 당당한 걸음걸이와 말투 등 모든 것을 따라 하며 음악 선생님을 꿈꾸게 되었죠. 가정형편이 좋지 않았지만 꿈을 놓지 않고 여러 사람의 도움을 받아 틈틈이 아르바이트를 하면서 결국 성악을 전공하게 되었어요. 지나서 생각해보니 이런 기회가 누구에게나 열리는 것 같지는 않은데, 참 감사해요.

어떻게 조안에 살게 되셨나요?

경남 함양군 서상면 남덕유산 자락에서 태어나고 자랐습니다. 어릴 적에는 무조건 뛰어놀기 바빴어요. 봄이면 비료 포대에 짚을 넣어 잔디 썰매도 타고 나물도 뜯어보고 아름드리 벚꽃 아래에서 공기놀이도 하고. 여름이면 개울에서 하루 종일 잠수하고 개구리헤엄도 치고 다이빙을 했어요. 놀다가 힘들면 돌에 기대어 하늘에 있는 구름과 함께 놀아보기도 하고 이내 낮잠이 들기도 했지요. 가을이면 메뚜기를 잡으며 추수한 논과 밭에 가서 말뚝박기, 고무줄놀이를 했어요. 동네 언니 오빠들과 편을 나누어 총싸움도 하고 아지트를 만들어 보기도 하고. 겨울이면 아버지가 만들어주신 대나무 썰매도 타고 쥐불놀이도 하면서 쉼 없이 놀았어요. 눈이 많이 오면 저벅저벅 눈을 헤치며 등교하고, 비 오는 날이면 비 맞으며 놀고... 어릴 적 기억들을 떠올리면 행복감이 밀려와 미소가 끊이질 않아요. 아이들에게 이런 소중한 기억을 만들어주고 싶었어요. 학원에서 얻는 배움보다는 자연과 함께하며 행복한 추억을 만들어 주고 싶었고, 몸으로 직접 체득하며 그 누구도 줄 수 없는 걸 느끼고, 어른이 되었을 때 스스로 삶을 헤쳐 나갈 수 있는 힘을 주고 싶었어요. 그래서 조안으로 이사하기로 결심했답니다.

조안면 송촌리 수풍무대에서 열린 송촌초등학교 음악여행

조안에서 살아보니 어떤가요?

시간이 흘렀고, 예전과는 또 다른 시골 생활을 해야 했지만 그래도 모든 것이 만족스러워요. 송촌초등학교 선생님들은 한 명 한 명 놓치지 않고, 마음으로 귀 기울여 아이들의 의견을 존중하세요. 선생님들이 아이들에게 스스로 생각할 수 있는 힘을 키워 주고 아이들 눈높이에 맞춰 소통하는 모습은 정말 감동적이기까지 합니다.

어떻게 송촌초등학교에서 합창 수업을 하게 되었나요?

어릴 적 제 꿈을 이룬 셈이죠. 요즘 아이들은 동요보다는 대중가요를 더 많이 접하고 있어요. 대중가요를 비하하는 것은 아니지만 노랫말 자체가 어른 대상의 가사이기 때문에 너무나 선정적입니다. 동요 가사를 가만히 들어보면 어른들의 마음도 정화시킬 수 있는 예쁜 노랫말들이 많아요. 무수한 말들이 있지만 우리는 이 중에서 취사선택할 줄 알아야 합니다. 아이들의 시선으로 바라볼 수 있는 맑고 순수한 말을 아이들의 입으로 부르는 기회가 많았으면 좋겠어요. 동요는 멜로디와 가사를 통해 정서를 발달시키고, 삶을 간접적으로 배우게 하며 심미감을 발달시켜 바른 인성을 길러주는 좋은 도구입니다. 또한 스스로 목소리를 내어 발성하면 자신감도 키울 수 있어요.

마을에서 아이들과 함께 하신 음악회가 꽤 인상적이었습니다. 어떻게 기획하게 되셨나요?

자연과 함께 이런 좋은 경험을 주고 싶어서 마을 안에 자리 잡은 수풍무대에서 아이들이 노래할 수 있는 음악회를 기획했고, 경직된 무대가 아닌 아이들이 항상 놀던 곳에서 자연스럽게 자신의 목소리를 표현해 낼 수 있는 기회를 마련했어요. 음악회는 부모들과 아이들이 하나 되어 즐거운 추억을 만들었던 좋은 시간이었습니다. 초롱초롱한 눈망울로 노래하던 아이들의 모습을 보면서 눈시울이 젖어들었어요. 돗자리를 펴고 도란도란 앉아 마음을 모아주었던 부모들의 모습 또한 감동적이었습니다.

앞으로 계획이 있으신가요?

아이를 잘 키우고자 시작했던 일들을 통해 모든 아이들이 행복해야 내 아이도 행복할 수 있다는 것을 깨닫게 되었어요. 어른이 되어가면서 잃어버렸던 순수한 마음과 동심을 되찾게 되었고 아이들에게 많을 것을 배우기도 했어요. 아이들이 노래를 통해 즐거움을 얻고 언어를 순화할 수 있기를 바랍니다. 내 아이를 키우듯 정성을 다해 한 명 한 명의 소리에 귀를 기울이며 따뜻함과 행복을 나눠주고 싶어요. 나중에 아이들한테 이 경험이 인생을 살아가는데 밑거름이 되었으면 해요. 욕심을 좀 더 부리자면, 학부모와 아이들이 함께 노래하며 어른들도 동요를 흥얼거리면서 음악으로 소통할 수 있는 공간을 만들어 보고 싶습니다.

산책하는 시인과 아이들

초등학교 교사이면서 아이들과 함께 하는 동시인으로 유명한 김은영 선생님은
자연과 함께 하는 교육, 동시로 배우는 고운 우리말 교육으로 조안의 아이들에게 아름다운 감성을 길러주고 있다.
한 마디 한 마디마다 아이들을 향한 애정이 듬뿍 묻어나는 '5년째 1학년 담임' 김은영 시인.
마침 2017년 2학기부터 교장공모제를 통해 조안초등학교의 새로운 교장선생님이 된
그가 말하는 작은 기쁨의 이야기를 들어보자.

도시의 아파트를 떠나 조안면 진중 2리로 이사 와서 산 지 벌써 6년이 되었습니다. 송촌초에서 2년, 조안초에서 올해까지 3년, 연거푸 5년째 1학년을 담임하고 있지요. 오십대 중반의 남자 교사가 1학년 담임을 하는 경우도 드문 일인데, 동시를 쓰는 시인으로서 1학년 아이들을 만나서 산책하고 시를 쓰는 경우는 더욱 드문 일이겠지요. 1학년 아이들에게는 시가 무엇이라고 설명할 수도 없고, 시가 무엇이냐고 묻는 것도 어리석은 질문입니다. 아이들은 학교와 첫 만남이듯 시와도 첫 만남일 테니까요. 그래서 시를 말하지 않고 아이들이랑 산책을 합니다.

　산책하러 가자고 하면 아이들은 함성을 지릅니다. 아이들은 교실 바깥으로 나가면 마냥 좋아서 겅중겅중 뛰고, 별다른 놀이를 하지 않아도 신나고 즐거워합니다. "야, 여기 꽃이 피었다." 한 아이가 소리치면 아이들이 우르르 몰려갑니다. "여기도 있다." 아이들이랑 옹기종기 모여 고개를 숙이고 한참 동안 풀꽃을 보기도 합니다. 바람이 불면 바람이 어떻게 부는지 느껴보자고 하기도 하고, 비가 오면 빗소리를 들어보자고 하지요. 교실로 들어오면 자기가 본 것, 만져 본 것, 소리 들은 것 중에서 생생히게 남이 있는 것이 무엇인지 써보자고 합니다. 아이들은 본능적으로 시를 아는가 봅니다. 망설임 없이 뚝딱 시를 써내는 것도 대견한데 직관으로 사물을 바라보며 가르쳐 주지도 않은 비유를 쓰기도 하니까요. 아이들이 시 쓰는 모습을 볼 때마다 왜 '어린이는 모두가 시인'이라고 하는지 깨닫곤 합니다.

　나는 조안초등학교가 참 좋습니다. 학교 주변으로 빙둘러 산이 있고, 동쪽으로 두물머리가 보이며 학교 울안에도 꽃과 나무가 많기 때문입니다. 그리고 무엇보다도 아이들이 있기 때문입니다. 아이들과 함께 놀며 아이가 되기 때문입니다. 아이들과 함께 시를 쓰며 동심을 배우고, 아이들이 성장해가는 모습을 지켜보는 기쁨을 누릴 수 있기 때문이기도 합니다.

교사·동시인 김은영

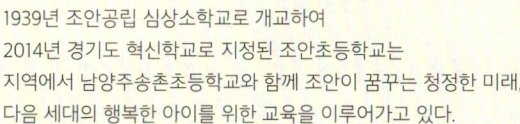
1939년 조안공립 심상소학교로 개교하여
2014년 경기도 혁신학교로 지정된 조안초등학교는
지역에서 남양주송촌초등학교와 함께 조안이 꿈꾸는 청정한 미래,
다음 세대의 행복한 아이를 위한 교육을 이루어가고 있다.

운길산에서 바라본 조안면 송촌리 일대(김영훈)

자연의 맛
호반의 맛

송촌호반딸기농장 :: 이진규 농부

주말, 소파에 누워 일어나고 싶지 않은데 아내와 아이들이 째려본다면? 두근두근 데이트 날인데 어디를 갈지 몰라 고민이라면? 나 홀로 바람에 몸을 싣고 싶은데 시간이 여의치 않다면? 호반딸기농장이 답이다. 이름처럼 송촌호반농장은 풍경이 빼어난 북한강변 자전거길에 자리 잡고 있다.

자전거길이 생길 때 우여곡절을 견디고 살아남은 가족 나무라고 할 수 있는 커다란 나무가 라이더들한테는 고마운 그늘을 만들어주고, 체험객들한테는 유유히 흐르는 강물을 바라보며 잠시 일상을 내려놓을 수 있는 쉼터를 제공한다. 늘 변함없는 풍경이지만 조금만 유심히 본다면 계절마다 다른 풍경이라는 사실을 알아차리게 된다. 물안개 핀 아침 풍경, 노을 지는 저녁 풍경. 강변을 따라 자전거를 타고 오다 농가 원두막에 앉아 잠시 자전거 타느라 흐르는 땀을 닦으며 바람의 속삭임을 들어도 좋다.

여기에 덤으로 특별한 비법으로 일체의 첨가물 없이 즐길 수 있는 송촌호반농장만의 특제 딸기 슬러시를 함께 한다면 더할 나위가 없겠다.

이 나무는 농부의 선친께서 심었는데,
몇 해 전 자전거길을 만들며 사라질 뻔한 위기에 처했다고 한다.
"이 나무만큼은 절대 벨 수 없었어요.
 이 살구나무는 아버지께서 키우신 우리 다섯 형제를 상징하거든요."

많은 기관에 도움을 요청하는 등 다각도로 노력한 끝에 지금 위치에 두고
길을 조금 틀어서 나무를 지켜낼 수 있었다고 한다.
가만히 보니 나무가 다섯 갈래로 자라고 있었다.
농장주의 말처럼 신기하게도 다섯 개의 뿌리를 내린 살구나무가
이 농장의 수호목으로 든든히 서 있는 것이다.

　진입로부터 아름다운 꽃길로 장식된 송촌호반농장에서는 12월부터 5월까지 이어지는 딸기 철에 수확 체험을 할 수 있다. 송촌호반농가만의 비법으로 만든 딸기 슬러시는 사계절 내내 별미다. 자전거를 타고 가다 당이 떨어지거나 목이 탄다면 진정한 수제 딸기 슬러시를 한 번 맛보길. 그 진한 맛은 집에 돌아와서도 생각날 정도다. 송촌호반딸기농장의 슬러시는 한 번 먹어보면 인생 슬러시가 될 수도 있다. 화학 첨가물 없이 유기농으로 직접 재배한 딸기로 딸기청을 만들기 때문에 왠만해서는 맛볼 수 없는 순도 높은 딸기 슬러시다.

　호반농장에서는 고구마 캐기 체험도 가능하다. 또한 직접 키우고 수확한 오이로 담근 오이피클은 송촌호반농가의 베스트 아이템이다. 반찬으로 먹어도 좋고, 다른 음식과 곁들여도 좋지만 오이피클 뚜껑을 열고 한 입 맛보면 손을 멈출 수 없다. 오이피클이라고 다 같은 맛이 아니다. 너무 달지도 시지도 짜지도 않은 오이피클은 어디에나 잘 어울려서 자꾸 손이 간다. 송촌호반농가는 딸기 체험뿐만 아니라 아름다운 북한강변에서 잊고 있던 자연 본래의 미각을 깨울 수 있는 곳이다.

송촌호반딸기농장
남양주시 조안면 송촌리 65-1
www.songchon.com

송촌리 맥가이버가 가꾸는
친환경농장

나지막한 야산이 바라보이는 송송골 딸기농장에 도착했다.

사람을 반기는 강아지들 뒤로 한희완 농부가 밝은 얼굴로 나타난다.

송송골 딸기농장은 딸기와 케일 등 쌈채소를 재배하는 곳이다.

농부는 손재주가 좋아 설비나 시설을 손수 정비하는데

체험장도 남의 힘을 빌지 않고 직접 만들었다.

어린이 손님을 위해 책꽂이까지 직접 만드는 그 정성이 대단하다.

송송골 딸기농장에는 편리한 체험장, 자가육묘시설, 다양한 체험 도구 등

체험농장에 필요한 모든 물품과 시설이 잘 갖추어 있다.

송송골딸기농장 :: 한희완 농부

한희완 농부는 겨울과 봄에는 딸기농사로, 평소에는 유기농 케일을 재배하느라 바쁜 시간을 보낸다. 한편 지역과 재배기술의 발전을 위해 남양주관광농업연구회에도 참여해 다른 농부들과 함께 연구하는 데 많은 시간을 할애한다.

판매는 농사 펀드나 블로그 등을 이용한 직거래에 집중한다고 한다. 직거래는 조금만 신경을 못 써도 방문객이 줄어들기에 늘 주의를 기울이고 있는 분야다. 딸기 품질이 좋아서 계속해서 찾아주는 단골 손님들이 제법 많다.

싱싱한 초록잎이 넘실대는 케일 하우스 안은 깔끔하게 정리되어 있다. 얼마 전에는 이 케일밭에서 영화 촬영도 했는데, 한희완 농부도 즉석에서 배역을 받아 단역이지만 영화에도 출연했다며 그 때 했다는 대사를 들려주셔서 한바탕 웃었다. 손재주 많은 맥가이버, 한희완 농부의 농장이 앞으로 더 멋진 아이디어로 꾸며지지 않을까 기대해 본다.

송송골딸기농장
남양주시 조안면 송촌리 821
www.송송골딸기.net

직접 만들어 운영하는 자가육묘시설은 조안리에서도 단연 으뜸에 속한다.
딸기 모종을 키우는 방법과 맛있는 딸기를 위한 재배방법을 설명하는
농부의 모습이 열정적이다.

주말에 어디론가
떠나지 않아도 좋아요

10여 년 전부터 젊은 세대를 중심으로 혁신학교나 대안학교를 알아보고 대도시를 떠나 실천으로 옮기는 사례가 늘고 있다.

조안에 위치한 2개의 초등학교, 남양주송촌초와 조안초 모두 2010년대 들어 혁신학교로 지정되었다.

지역과 학부모가 함께 자율적으로 교육과정을 운영하여 인기가 높아 최근에는 오히려 이사온 학생들이 더 많아져 활기가 가득하다.

살아있는 교육을 위해 오랜 준비를 통해 조안으로 이사 온 세 아이의 엄마 박영미 씨를 만났다.

언제부터 조안에 사셨나요?

2013년 여름, 지금 5학년인 큰아이가 1학기를 마쳐갈 즈음 이곳으로 이사를 왔어요. 거의 1년 정도 조안에 마땅한 집이 나오기를 기다리며 계속 알아보고 있었어요.

조안으로 오게 된 특별한 이유가 있나요?

남편이 아이들을 자연에서 뛰어놀며 자라게 하고 싶어 해서 적극적으로 알아보았어요. 사실 저는 생활 편의시설이 가까이에 없는 곳에서 어린 자녀들을 키우며(셋째가 세 살) 사는 것이 불편할 것 같았지만 남편의 의견에 저는 따라가는 입장이었지요. 조안은 서울에서 멀지 않은 위치인 데다 다녀갈수록 포근하고 한적한 분위기에 끌렸습니다. 특히 송촌초등학교를 둘러보고 학교가 마음에 들어 결심을 굳히게 되었지요.

송촌초등학교를 다니는 학생들 중 비슷한 이유로 이사 온 가정이 많나요?

큰아이가 1학년 때인 5년 전에도 원주민 학생의 비율이 낮았고, 점점 외부에서 학교와 자연을 찾아 일부러 오는 가정이 많아졌어요. 그래서인지 학부모들이 학교가 지향하는 가치와 교육활동에 대한 기대가 크고 참여도도 높아서 분위기도 좋아요. 공교육이지만 저희 세대가 받았던 주입식과 입시 위주의 교육이 아닌, 아이들의 자치와 자율성을 고려한 다양한 교육활동 위주의 학습이 진행된답니다. 아이들도 학교를 좋아하고 학부모들도 학교에 만족하며 학교와 교사들을 신뢰하죠.

조안으로 이사 와서 좋은 점은 무엇인가요?

이곳에서 살기 전까지 자연을 대하는 나의 생각이 어떤지 알지 못했어요. 관계 지향의 성향이라 사람과의 관계만 생각했는데, 나와 가족이 살아가는데 바탕이 되어 주는 자연에 이제는 정이 가고 손길이 가요. 마당에 텃밭을 가꾸고 있는데, 한낮의 태양을 견뎌내는 농작물을 볼 때면 얼마나 목마를까 싶어 물을 주게 돼요. 작은 정성을 쏟았을 뿐인데 풍성한 열매가 맺힐 때면 고마운 마음이 저절로 들더라고요. 이렇게 감사하고 자족하는 마음이 있기에 주변을 돌아볼 줄 알게 되었고 '나도 보탬이 되고 싶다'는 생각이 들어 내가 할 일을 찾게 되지요. 무엇보다도 건강하게 자라는 세 아이와 바쁜 일과에도 집안일을 마다하지 않는 남편이 있어 행복해요. 주말이면 떠날 곳을 찾아다니지 않아도 이곳에서는 매일이 주말처럼 즐거워요.

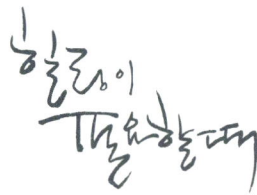

조안의 숨겨진 길 곳곳에는 어린 아이들의 웃음이 끊이지 않는다.

산책

in joan

땅을 지키고 살리는
부부농부 이야기

딸기나라 :: 이석찬 농부

고향을 지키며 땅을 일구고 있는 딸기나라 이석찬 농부의 농장은 입구부터 깔끔한 게, 한눈에 보기에도 관리에 많은 신경을 쓰는 것을 알 수 있다. 여기저기 심어진 꽃들도 방문객을 반긴다. 이석찬 농부는 딸기 농사를 위해 토질 관리와 유기농 성분의 인증받은 재료를 사용한 비료 연구까지 다양한 곳에 신경을 쓴다. 딸기 체험농가 초창기 멤버로서의 자부심도 크다.

이석찬 농부는 오로지 딸기 농사에만 전념해서 딸기 농사철 이후에도 오로지 좋은 밭 만들기에 온신경을 쏟는다. 하우스 내에 진딧물 방지를 위해 보리를 심는 등 여러 가지 과학적 접근을 위해 연구도 계속하고 있다. 그 결과 작물이 좋다는 인정을 받아서 좋은 가격으로 판매되고 있다. 비료에 대한 지식도 전문적이고 해박한데, 이렇듯 딸기에 전념할 뿐 아니라 비료를 손수 만들어 딸기를 키우니 풍미가 가득한 딸기가 나올 수밖에 없다. 그 노하우를 농부들과 '공유'하고 있다며 '가장 중요한 것은 살아있는 땅을 지키는 것'이라 강조하는 모습은 농장과 농부에 대한 신뢰감을 준다.

농부의 아내는 홈페이지와 블로그를 통해 홍보와 관리에 신경을 많이 쓴다. 단골들에게 농장 소식을 꾸준히 알리고, 인터넷 노출을 통해 방문하는 사람들도 눈에 띄게 늘어 정성껏 사진도 찍고 글도 올린다고 한다. 그리고 한참 바쁜 생활 가운데서도 가드너 교육을 이수한 후 송촌초등학교를 비롯해 인근 많은 학교에서 아이들에게 밭 만들기와 기초 재배를 가르치고 있다. 웃는 모습이 너무 아름다운 아내는 아이들에게 좋은 선생님으로 인기가 많다.

딸기나라는 딸기 철 이후에는 다른 작물을 재배하지 않고 다시 땅을 살리는데 시간을 투자하고 있다. 땅도 쉬어 가고 좋은 영양도 받아야 더욱 맛있는 딸기가 나온다고 굳게 믿는 부부는 해마다 일 년 간 흘린 땀을 여행으로 마무리하면서 지치기 쉬운 생활에서 활력을 찾고 부부 사이를 돈독하게 가꾸어가고 있다. 행복 넘치는 부부애가 바로 이 농장 딸기 맛의 특급비밀이다.

딸기나라
남양주시 조안면 북한강로 626번길 12-1
www.딸기나라.kr
blog.naver.com/kkkj622

이석찬 농부가 들려주는
비닐하우스 여름나기

좋은 맛을 만들기 위한 친환경 농가의 노력은 우리가 생각지도 못하는 많은 곳에 숨어 있다.
이석찬 농부로부터 좋은 땅을 만들기 위한 비닐하우스의 여름 나는 이야기를 들어보았다.

외부온도 31도, 실내는 45도! 뜨거운 여름이 시작되면
먼저 유기농 두엄(퇴비)을 이틀간 넣어둡니다.

지난겨울 받아두었던
볏짚을 두엄으로 사용합니다.

유기농 볏짚을 두엄 뒤에 골고루 펴 넣는 작업.
40도의 열기에서 부부가 며칠씩이나 땀흘립니다.

이제 스프링클러로 3일 내리
물을 흠뻑 뿌려줍니다.

마지막으로 남양주시 농업기술센터에서 받은
유기균을 물에 섞어 넣어줍니다.

이제 문을 닫고 기다리면 두엄과 볏짚이 잘 발효되겠지요?
한낮에는 무려 70도를 넘게 올라간답니다.

1+1을 넘어
나다운 삶으로

혁신학교로 지정되어 자유로운 교육으로 유명한 조안초의 학부모들을 중심으로
지역의 다양한 문화와 환경을 누리고 나누는 모임이 있다.
여기 아이들과 함께 유년시절의 추억을 공유하고 즐거운 교육을 실천하고 있는 김복자 씨의 이야기를 들어보자.

　서울에서 가파르게 오르는 전셋값을 감당할 수 없어서 고민하던 중 조안에 먼저 사셨던 분이 이곳을 소개해 주셨다. 처음에는 일 년만 살아보자 싶었다. 나와 4살, 6살 두 아들에게 전원생활은 한 번은 해보고 싶은 일이기도 했다. 하지만 남편한테는 10분 거리에 있던 일터를 지하철로 한 시간 반이나 이동해야 한다는 점이 마음에 걸렸다. 11월 이사 오던 날 밤, 유달리 컸던 보름달을 보며 걱정 반 설렘 반으로 잠들었던 우리 네 식구는 그렇게 조안과 인연을 시작했다.

　이사하던 해 겨울에 특히 눈이 많이 왔다. 집이 춥기도 했지만 동네와 친해지기 위해서 근처에 있는 씨앗도서관에 자주 갔다. 씨앗도서관에서 마을 엄마들을 만나게 되었고, 그 만남으로 팔당생활협동조합을 알게 되었다. 결혼 후 대형할인마트 1+1으로 장을 보며 만족했던 내게 대안적 먹거리 장터는 새로운 세계였다. GMO가 뭔지, 육식의 위기가 뭔지, 슬로푸드가 뭔지, 생협을 통해 연결된 책모임에서 그동안 보지 못했던 진실의 한 부분을 마주하게 되었다. 먹거리와 생명에 대한 내 자세를 조안에 와서 되돌아보았다.

　그렇게 만남이 이어졌고 또래 아이들을 공통분모로 가졌던 엄마들 사이에서 아이들과 숲모임을 해보자는 의견이 나왔다. 책모임은 아이들과 함께하는 숲놀이로 이어졌다. 네다섯 가정이 모이면 아이들만 해도 열댓 명이나 되었다. 운길산 자락 시작점을 우리의 아지트로 만들고, 여기저기 쓰러진 나무들을 주워다가 시소도 만들었다. 울타리 정도의 작은 아지트도 조그마한 고사리손들을 빌려서 완성했다. 그렇게 우리들은 숲과 친해졌다. 언 땅이 녹으면 들로 나가 고라니 똥 사이로 냉이도 캐고. 어느 게 냉이고, 어느 게 쑥인지 확인해가며 잘도 찾아냈다. 노란 개나리들이 완연한 봄에는 진달래를 따다가 화전을 해 먹고 생강 꽃을 모아서 찌고 말려서 생강 꽃차를 만들어 먹기도 했다. 비닐하우스 딸기가 끝물이 되면 상품성이 떨어진 작은 딸기들을 한 바구니 저렴하게 따와서 잼을 만들기도 하고, 그대로 얼려두었다가 한여름 딸기 셔벗을 만들면 아이들이 먼저 찾는 간식이 되었다.

　5월 말이 되면 논에 물이 한가득 담기고 작은 모들이 나란히 심어진다. 그 무렵부터 우리는 밤마다 개구리들의 시끌시끌한 떼창을 들을 수 있다. 동네 여기저기 과실수가 익어가고 앵두에 보리수에 오디까지 따 먹는 재미가 쏠쏠하다. 3~4년 전만 해도 초여름에는 지금처럼 물이 가물지 않았다. 매일 그물과 잠자리채를 챙겨서 집 앞 개울가로 나가 새빨갛게 살이 익도록 물고기 잡기 삼매경에 빠졌다.
　그러다 장마가 한번 휩쓸고 가면 시원한 물줄기 아래로 다이빙도 하며 풀장을 배로 삼고 출렁이는 개울에서 신나는 오후를 보냈다. 서너 시쯤 되어 개울에 한 시간 몸을 담그면 자기 전까지 온몸이 서늘했다. 시골에서의 한여름은 시원한 개울이 있어 에어컨이 부럽지 않았다.

그렇게 뜨거운 햇살 속에 벼가 익어갈 때가 되면 우리는 다시금 산을 올랐다. 이번에는 밤을 주우러 갔다. 툭. 툭. 툭. 여기저기 밤 떨어지는 소리와 함께 밤을 줍는 일이 그렇게 재미난 건지 조안에 와서 알게 되었다. 한 시간도 안 되어 비닐 한가득 담긴 걸 보면 세상을 다 얻은 듯 뿌듯했다. 보물찾기도 이처럼 재미있지는 않을 것이다. 다음날에도 밤은 어제와 같은 수만큼 찾았던 그 장소에 그대로 숨어있다. 물론 청설모와 다람쥐의 겨울양식을 충분히 남겨두는 것도 잊지 않았다.

날이 추워지기 시작하면 불놀이가 시작된다. 매주 여기저기 나뭇가지를 주워다가 모닥불을 만든다. 떡, 소시지, 고구마... 불은 어른들도 동심의 세계로 돌아가게 해준다. 눈이 오면 산과 들은 온통 아이들의 놀이터가 된다. 경사진 곳을 찾아 눈썰매 타는 것은 기본이요, 얼어붙은 논바닥에서 스케이트도 탄다. 아이들에게 어린 시절 친구와 더불어 자연과 생명들과 함께한 소중한 추억을 만들 수 있어서 감사하다. 나를, 내 가족을 넘어서는 더불어 사는 맛도 알게 되었고 덩달아 지금 여기에 머물 수 있는 힘을 조금씩 키워갈 수 있어 무척 감사하다.

처음에 조안면에 온 것이 우리 가족의 일방적인 우연한 선택이라 생각했다. 하지만 시간이 지날수록 어느 순간부터 이곳에 온 것은 '이끌림이 아니었을까' 하는 생각이 든다. 우리 삶이, 우리의 질문이 우리를 이곳으로 이끌고 온 것이라 믿는다. 처음에 네 식구로 이사 왔지만 지금은 다섯 식구가 되었다. 조안이 준 선물같은 셋째 딸이 왔고 비로소 가족이 완성된 듯하다. 이곳 조안이 내게 준 또 다른 선물은 더 나은 삶이 아니라 비로소 나다운 삶을 마주할 수 있게 해 주었다는 사실이다.

삼봉리 마을공동체
해바라기 협동조합

호젓한 북한강로를 따라 북쪽으로 달리다 보면 남양주유기농테마파크와 남양주종합촬영소 초입에 못 미쳐
멋진 부엉이상과 함께 부엉배마을이 적힌 표지석을 만날 수 있다.
길 오른쪽으로는 북한강과 몇몇 딸기농가들이 중심이 된 구봉마을이고,
왼쪽으로 들어가면 부엉배마을로부터 재재기부락까지 이르는 마을길에 오디 농가에서부터
한옥 목공소, 촬영소, 예술인의 집, 전원주택단지까지 다양한 사람들이 모여 살고 있는데,
이들 농민들과 예술인들을 중심으로 한 해바라기협동조합이
마을을 풍요롭게 하기 위한 다양한 활동을 이어오고 있다.

해바라기와 함께
둥글게 둥글게

해바라기협동조합은 특별한 사람들의 모임이 아니다.

자연을 사랑하는 예술가, 수수한 농부, 주부, 마을을 아끼는 사람들이 모여 작은 즐거움을 이뤄나가는 마을 공동체이다.

작은 밭을 일구고 해바라기도 키우며 즐거운 일을 찾아 나선 김근호 씨를 만났다.

마을 이름이 재미있습니다. 유래를 알 수 있을까요?

마을에 참부엉이가 살고 있어서 부엉배마을이라고 불리게 되었습니다. 입구에 보면 야트막한 산이 보이는데 마을 사람들은 응달산이라고 불러요. 악어 모양처럼 생겨서 악어산이라고도 부르는데, 겨울철에는 오후 2시만 되면 해가 넘어가서 음기가 강한 지역이에요. 그래서 음양조화를 맞추기 위해 해바라기를 1~2천 여 평에 심으면 예쁘겠다는 생각을 했습니다. 음양의 조화뿐 아니라 마을 들어서는 길에 해바라기가 펼쳐져 있으면 풍경이 아름답기도 하고 한번 보면 기억에 오래 남는 마을이 될 거고요. 봄에는 푸른 보리수나무에 빨간 열매가 마을을 장식하고 여름에는 노란 해바라기, 가을에는 울긋불긋 자연 단풍으로 마을이 저절로 물들고, 겨울에는 눈으로 하얗게 덮여서 마을 풍경이 계절마다 인상적이었으면 하고 바랐어요. 이렇게 해바라기 협동조합을 만들고 철 따라 다양한 색을 갈아입는 부엉배마을을 가꾸어 나갔지요.

해바라기 협동조합의 구성은 어떻게 되나요?

해바라기 조합은 삼봉리 부엉배 마을에 사는 예술가들로부터 시작된 모임입니다. 주로 도시에 살던 예술가들인데요. '왜 도시에서 활동을 해야 하나'라는 회의감과 도전정신으로 이곳에 모인 분들이 많습니다. 그렇게 부엉배 마을로 이주한 예술가들이 마을이 좋아 모였습니다. 작가, 조각가, 화가, 도자기 공예가 등등. 활동 영역이 각기 다르지만 마을에 대한 애착과 예술에 대한 관심사로 뭉쳤지요. 작업은 혼자 하는 거지만 작업만 하고 살 수는 없잖아요. 함께 모여 발전 방향에 대해서도 의견을 나누고 밥도 같이 먹고, 일단 모이면 재미있어요.

주로 하시는 일과 공동체를 이루어 나가면서 어려운 점이 있다면요?

틈만 나면 모여 마을 특화사업을 위해 연구하면서 만든 해바라기 조합이었기에 조합이 지향하는 바가 있습니다. 또 그걸 이루기 위해 더 많은 사람들의 도움과 정성이 들어갔지요. 먼저 마을의 뜻있는 분에게 농지를 무상으로 임대받아 해바라기를 심었습니다. 4월에 씨앗 모판으로 싹을 키워서 5월에 모작을 합니다. 해바라기 농사를 하면서 어려운 점은 가뭄이 들거나 이따금씩 멧돼지가 출현해서 밭을 망치는 일이에요. 해바라기는 6월 말부터 꽃이 피기 시작하면서 7, 8월에는 노란 해바라기가 만드는 장관을 감상하기에 좋아요. 해바라기를 관상용으로만 키울게 아니라 협동조합에서 수익창출을 위한 사업을 위해 머리를 모았습니다.

수확 첫해에는 해바라기씨유를 만들어 판매하기도 했습니다. 하지만 생산비용이 높으니 수입되는 외국 해바라기씨유와 가격 경쟁을 하기 힘들어서 중단했습니다. 아무래도 해바라기 농사 환경에 좋은 기후가 아니기도 하고요. 농사일이라는 게 손도 많이 가기도 하고 어려운 점이 많습니다.

하지만 좌절은 없습니다. 하하. 해바라기는 여전히 우리 곁에 있고 저희는 계속 작업을 하고 계절은 바뀌고 마을은 철마다 옷을 갈아입습니다. 이따금씩 모여 밥을 함께 먹으며 밥정을 나누는 게 행복이니까요.

한결같은 마음으로 더 좋은 마을을 가꾸기 위한 해바라기 조합의 멋진 도전을 응원한다. Let it be!

조안 해바라기의 여름나기

4.22 정성껏 모종을 고르고 있다.

5.19 볕이 뜨거워지면서 제법 잎이 자라나고 있다.

8.10 방학을 맞아 체험활동으로 해바라기를 그려보았다.

7.20 개화. 뜨거운 태양 아래 해바라기가 멋진 자태를 드러냈다.

8.2 봉오리가 탐스럽게 여문 해바라기를 수확하다.

7.30 예술가와 동네주민이 함께 하는 체험활동

9.1 완성된 해바라기씨유는 지인들과 플리마켓을 통해 판매되어 맛과 품질에서 좋은 평가를 받았다.

8.9 2차건조

8.4 더운 날씨는 해바라기를 건조하기에 딱 좋다.

8.8 해바라기씨앗 탈곡

8.12 마을공동체를 이루어가는 이들이 함께 모였다.

8.5 해바라기씨유를 만들기 위해 품질 좋은 씨앗을 선별하고 있다.

딸기, 너에게 다가갈 수만 있다면

끊임없는 배우고 연구하는 젊은 농부 이야기

딸기농장 수 :: 김진환 농부

딸기 꽃이 이쁘게 피어나고 꿀벌이 자연수정을 하면
꽃잎이 떨어진 자리에 딸기가 탐스럽게 열린다.

정비가 잘 되어 있는 딸기농장 수에 들어섰다. 김진환 농부는 딸기 농사 8년 차다. 친환경 딸기에는 비료를 함부로 쓰면 안 되기에 황토 유황이나 친환경 비료를 직접 만들어 사용한다. 친환경 비료를 구매해 쓰면 되지만 그렇게 하면 비용이 올라가 수익률이 낮아진다. 농부들끼리 서로 머리를 맞대고 손수 비료를 개발하는 과정은 재미있다고 한다. 김진환 농부는 "서로 어렵게 농사짓는 거니까 정보를 공유해가면서 함께 하는 것이죠."라며 빙긋이 웃는다.

농사짓기 전에는 고압 전기를 관리하는 전기 기사였다. 그러다가 2000년에 자동차 사고가 나서 1년 동안 병원생활을 하면서 고민을 많이 하게 되었다. 아무래도 오래 할 수 있는 일을 생각하다 보니 딸기 농사를 시작하게 된 것이다. 중학교 때부터 농사짓는 아버지를 도와 오이와 상추를 따곤 했기에 충분히 잘할 수 있을 것이라고 생각했다.

"그런데도 농사는 어려워요. 그중에서도 특히 배우면 배울수록 어려운 것이 딸기예요."

김진환 농부는 딸기 공부를 늘 쉬지 않는다고 한다.

"혼자서 건 여럿이서 건 시간만 나면 딸기를 공부하는 즐거움에 시간 가는 줄 몰라요."

"딸기는 3개월 동안 정성을 쏟아야 해요. 3월에서 5월까지요. 처음 잎이 나오고 50일이 지나면 딸기가 열려요. 물, 영양제, 응애 약을 제 때 주고 정성 들여 가꾸어요. 그래야 체험하는 아이들이 맛있게 따먹을 수 있는 딸기가 완성되지요."

딸기의 이모저모를 설명하며 웃음짓는 농부의 행복한 표정에서 딸기를 향한 열정과, 자기 일을 사랑하고 행복해하는 프로의 마음가짐을 제대로 느낄 수 있다.

딸기농장 수
남양주시 조안면 송촌리 823-2

일상이 예술로 피어나다

직접 지어낸 집과
담백하게
풀어낸 일상의 글,
그리고
도자기로 구워내는
인형과 함께
조안에서
새로운 삶을 빚어내는
소설가
와초를 만났다.

조안면 삼봉리 중에서도 제법 깊이 들어간 재재기부락 언저리에 어린 새를 보호하기 위한 세심한 장치가 돋보이는 새집이 눈에 들어온다. 이런 세심한 마음씀을 가진 이는 대체 어떤 사람일까? 몇 해 전 조안의 재재기부락에 자리잡은 소설가 와초 박태민을 만나보았다.

집안 곳곳 적힌 시와 작품들이 인상적입니다. 간단한 자기소개를 부탁드립니다.
음, 난 베이비붐 세대에 태어나 일이 없으면 죽는 줄 아는 구세대와 신세대 사이에 낀 세대죠. 그래서 나는 '내 자신이 시대를 나타내는 명패'라고 생각합니다. 아주 '평범한 소시민'이라는 게 나를 설명해줍니다. 근데 그런 생각이 50세 이후로 바뀌었습니다. 스스로 '다가올 미래와 대화할 줄 아는 사람'으로 살고 싶다고 생각했습니다. 그래서 이름 대신 호를 쓰고 사는 방식이나 집을 꾸려가는 방식도 바꾸었습니다. 내가 '와초'입니다. 나중에 알고 보니 어느 유명한 소설가의 호와 똑같더라고요. 누군가는 '와부초등학교' 나왔냐고 묻던데, 그렇지는 않구요(웃음).

동네가 참 인상적입니다. 이곳을 재재기 전원주택단지라고 하던데, 집이 참 독특합니다. 외형은 단출한데 내부구조가 특이합니다. 사는 방식과도 연관이 있는지?
예, 사는 건 다 똑같습니다. 하나하나에 의미를 찾으면 굉장히 다양하다는 것을 알 수 있습니다. 좀 더 감각을 일깨워 주는 삶을 첨가하는 거죠. '삶 속에 예술이 있다.' 이게 나를 움직이는 힘입니다. 그래서 이 집을 지을 때도 '오픈된 공간, 미완성, 에너지 자립'을 염두에 두었습니다. 무엇을 해도 되는 공간이고 내가 완성시킬 게 많은 공간이고 친 환경적인 공간이기를 원했죠. 그러한 꿈을 실현한 것이 이 집입니다.

이런 삶을 실현하고자 한 특별한 계기가 있었나요?

우리 세대는 예술적 소양을 사치나 부의 상징이고 허영으로 보았지만 지금은 그렇지 않습니다. 그러나 저도 젊었을 때는 예술을 등한시 했습니다. 막상 찾아보려 해도 지금은 눈이나 귀 그리고 손이 굳어져 예술이란 것이 낯설기만 합니다. 감각이 무디어져 버린 거죠. 그러나 시대 탓만 할 수는 없지 않습니까? 지금부터 찾아야죠. 그래서 나는 내가 잘하는 것을 가까운 주위에서 찾아보기 시작했습니다. 분명 남들과 다른 것이 있으니까요. 그게 '예술적 행위로 보여지면 얼마나 좋을까' 하고 기대했는데 의외의 성과를 거두는 경우가 많았습니다. 예를 들어, 텃밭을 일구다 보면 책으로 농부의 마음을 읽는 것에 비할 바가 안 되고, 잔디를 가꾸다 보면 잔디밭에 앉아 자신을 관조하는 참선과 비교할 수 없을 정도로 기쁜 겁니다. 그렇게 하나하나 찾다 보면 어느새 예술의 한 단면을 음미하게 되는 거죠. 그래서 '삶 속에 예술이 있다'라는 가치를 찾아보고 과거보다는 앞선 약간의 미래에서 나와의 대화를 해보는 겁니다. 그럼 재미가 있죠. 앞으로 은퇴했거나 은퇴하는 베이비붐 세대라면 자신을 둘러보는 한 방편도 되고 삶의 질도 풍요해지리라고 봅니다.

인상적인 작품이 꽤 있습니다. 우선 널직한 집 자체도 훌륭한 작품으로 보이는데, 이 작품들이 의미하는 바가 무엇인지요?

모든 것은 삶 속의 예술이라는 주제를 가지고 있습니다. 새집을 지어도 좀 더 감각적으로, 에어컨 바람막이를 만들어도 보는 사람이 미소를 지을 수 있게, 공사장에서 버린 것도 모아서 꾸며보았습니다. 잔디를 태워도 시가 나올 수 있게 음미하면 삶 속에는 버릴 게 없다 싶죠. 요즘은 도자기에 심취해서 '구체관절도자기 인형'을 만들어 봤습니다. 이제는 이 인형들이 내 뮤즈가 되었습니다. 전원생활을 하면서도 외롭지가 않습니다.

끝으로 하고 싶은 말이 있다면?

흙 위를 맨발로 걸을 수 있는 그 마음만 있으면 평범하다 해도 우리는 다 예술인입니다.

높은 천장과 시원한 여백도 작품으로 녹아낸 와초의 집은 분명 그의 뮤즈들인 '구체관절도자기 인형'들과 심심치 않게 지내기에 더없이 훌륭한 공간이다. 삶과 예술 속에서도 언제나 사람 냄새 맡는 것이 좋아 집 한 편을 차지하고 있는 당구대에서 작가 와초의 진실한 일면을 엿볼 수 있다.

진심을 담은
눈높이 체험

아람유기농딸기 :: 이서교 · 김난이 농부

맛있는 딸기를 위한 노력으로 정평이 나있는 아람딸기농장.

먼저 깔끔하게 정리된 체험장 풍경이 인상적이다.

어린이 손님을 위해 마련되어 있는 목마나 농장 내의 작은 텃밭 등…

언제난 싱글벙글 웃만 멋진 눈빛을 가진 이서교 농부와

온화한 미소가 인상적인 아내.

그들의 이야기가 재미있다.

이서교 농부는 농사꾼 출신은 아니다. 인천에서 목자재 사업을 하다가 고향에 돌아와 딸기 농사를 하게 된 지 6년이 되었다고 한다. 사회생활에서는 '새로운 기술을 적극 수용하는 자세'의 중요성을 배웠다. 이 배움을 농사에도 접목시켜 발 빠르게 새로운 기술을 적용시키고 있다. 딸기가 건강하게 클 수 있도록 미생물을 발효시킨 영양제도 주고, 물고기를 발효시켜 밭에 뿌리기도 하는 등 친환경 기술을 다양하게 접목시켜 해마다 맛을 더 좋게 하기 위한 노력을 소홀히 하지 않는데, 이러한 땀과 열정이 아람딸기농장만의 맛의 비법이다.

체험객이 아람 딸기에 대한 기억을 오래 간직할 수 있도록 '아람 딸기농장만의 특별한 이야기'를 개발하려고 애쓰고 있다.

"저 옆에 보시면 상추가 있는데 저희 먹으려고 심은 게 아니에요. 아이들이 체험을 왔다가 상추도 따 보라고 하는 거예요. 나무로 만든 말도 아이들이 타볼 수 있도록 저 자리에 두었어요. 체험 와서 놀고 가라는 뜻이에요."

이렇게 노력을 한 덕분에 아람 딸기는 한 달 전에 체험 예약이 마감되곤 한다.

지금은 체험객들이 넘치는 아람 딸기도 처음에는 모객이 쉽지 않았다. 하지만 오는 손님 한 분 한 분을, 그리고 작은 규모의 단체손님이라도 부부가 정성을 다해 맞이하니 시간이 지나면서 맛과 정성이 입에서 입으로 전해져, 지금은 한 번 체험하고 가면 50% 정도가 재방문을 하곤 한다. 지금은 하우스 수를 늘려 예약하신 분들이 편안히 즐길 수 있도록 더운 계절에도 구슬땀을 마다하지 않고 있다.

"우리 농장은 저와 아내, 딸도 아이들과 함께 놀아준답니다. 아이와 손을 잡고 산책도 하고 트랙터 시동도 걸어주어요. 흙장난도 하고요. 아이들의 친구가 되는 게 중요해요. 아이들도 제가 노는 척해주면 금세 알아차리거든요."

아람 딸기는 체험객들에게 진심으로 대하고 있다. 진심은 아이나 어른에게 모두 통하는 삶의 이치다.

아람딸기
남양주시 조안면 송촌리 300-3
blog.naver.com/aramberry

1. 농부에게 작물은 자식과 같습니다. 애정을 담아 대해주세요.

2. 하우스 안의 벌은 딸기 수정을 위한 일꾼입니다. 벌을 위협하지 않으면 위험하지 않아요.

3. 익지 않은 딸기는 때를 기다리고 있습니다. 사람 손의 온도나 작은 접촉에도 딸기가 화상을 입거나 상처가 생겨 무를 수 있으니 만지지 마세요.

4. 잘 익은 딸기를 살며시 잡고 위 또는 아래, 한쪽 방향만 꺾으면 잘 따집니다.

5. 먹고 남은 딸기 꼭지나 꽃받침 등을 바닥에 버리면 딸기에 병이 생기거나 충이 발생할 수 있고 밟으면 미끄러져서 넘어질 수 있으니 먹고 남은 꼭지는 가지고 나오세요.

6. 두둑 사이에서 뛰거나 가로질러 넘어가면 두둑이 무너져 다치거나 딸기를 밟게 됩니다.

느낌 아니까~
넉넉한 마음을 오롯이

딸기와 함께 사는 농부들에게서는

딸기의 달콤한 향기가 그의 삶 속에 그대로 묻어 있다.

그 느낌 그대로

넉넉한 마음까지 오롯이 피어나는 토양농장에서는

오늘도

아이들의 행복한 웃음이 피어난다.

토양농장 :: 용명석 · 변명희 농부

홍매화가 곱게 핀 길을 따라가면 깔끔한 작은 꽃밭과 함께 주변이 잘 정리되어 있는 토양농장을 만날 수 있다. 널찍하고 깨끗한 입구를 지나 안으로 들어서자 어린이집에서 체험 나온 아이들이 농장을 가득 채우고 있다. 4,5세 또래들이 진지한 표정으로 딸기도 따보고 한쪽에서는 잼을 만든다고 팔을 걷어올리고 선생님과 조물조물 거리며 까르르 웃는다. 딸기를 씻는 아이들을 보고 문득 신기하다는 생각이 든다. 개수대 높이가 지나치게 낮은 것이다. 아이들 눈높이에 맞춰 놓은 세심한 손길이 농부의 마음씀을 짐작케 한다.

새벽이며 밤이며, 언제나 아이처럼 신경을 써줘야 하는 딸기농사는 많은 경험이 쌓여도 여전히 힘들지만 농장 덕분에 먹고 살았고 자식들도 다 독립할 수 있었기에 아직도 이 '천직'을 버릴 수 없다고. 그래서 몸은 힘들어도 마음만은 언제나 편하다며 환하게 웃는 농부 부부.

농사를 짓기 전 분주하게 살 때는 몰랐던 마음의 여유가 생기고, 체험하러 온 아이들이 너무나 예뻐서 뭐 하나라도 더 해줄까 연구하는 농부의 요즘 고민은 "어떤 놀이기구를 만들면 아이들이 좋아할까"이다. 아이들 눈높이에서 늘 궁리하면서 아이들이 불편한 점을 개선하는 일이 농부의 중요한 하루 일과인 것이다.

아이들과 놀아주는 부부의 손길에서 결코 빈말이 아님을 알 수 있다.

"나이 들어서도 부부가 함께 일할 수 있는 건 정말 큰 복이죠."

건강이 허락하는 한 부부는 딸기농사를 놓지 않을 생각이다.

딸기 맛만큼은 자신 있다면서 정성껏 따낸 딸기를 한 움큼 건넨다. 달콤한 딸기맛에 넉넉한 마음이 녹아있다. 사람의 마음은 오롯하게 전해지는 법! 이 마음을 토양농장을 찾는 모든 이들도 그대로 느낄 수 있을 것이다.

토양농장
남양주시 조안면 송촌리 995-1
www.토양농장.kr

조안의 꽃
그림으로 피어나다

조안면 삼봉리 한적한 골목길에 살고 있는 화가 이석숙(lss5321@hanmail.net)은
동양화와 서양화의 기법을 절묘하게 살려 꽃을 그리는 작가로 유명하다.
홍익대학교 미술디자인교육원에서 수묵을 전공하였고,
백석예술대학에서 회화를 공부한 작가는
모로갤러리, 설, 애너밸리, 31갤러리, 하늘갤러리 등에서 개인전을 열고
대한민국미술대전과 경기미술대전 등에서 입선하는 등 활발한 작품활동을 이어오고 있다.
현재는 한국미협과 구리미협 북한강미술인회 등에서 활동하고 있으며,
조안면주민자치센터에서 한국화반을 운영하고 있다.

원츄리 / 이석숙作

맨드라미 / 이석숙作

한 평에서 3천 평으로
초록의 꿈을 넓혀가는
父子이야기

초록향기 :: 이철종 · 이규진 농부

초록향기는 농장 내에 펜션까지 갖추고 있을 정도로 규모가 커서
조안에서도 눈에 띄는 농장이다.
13년 전 개장하여 능내리의 대가농원과 함께 조안면에서 가장 오래된 농장으로,
아버지 이철종 농부가 일구기 시작하고
지금은 아들 이규진 농부가 함께 땀흘리고 있다.

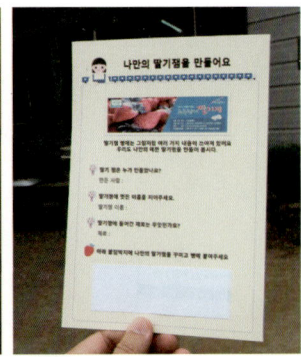

"농부는 외로운 직업이다. 오뉴월 뙤약볕 호미질과 괭이질을 견뎌내야 진정한 농부가 된다."

아버지의 말씀을 늘 새기며 이규진 농부는 호미질부터 온갖 궂은일을 즐겁게 해내고 있다.

대학에서 통계학을 전공한 이규진 농부는 한 때 꿈꿔왔던 교사의 꿈이 좌절되고 내심 아버지 농사를 이어받아야 겠다고 생각하고 있었다. 하지만 아버지는 '사회가 택하지 않은 너를 자식이라고 해서 내가 그냥 떠맡기는 싫다'며 사회생활을 경험하고 이곳으로 돌아오라고 더 큰 그림을 그려주셨다고 한다.

결국 서울 홍대입구에 있는 회사에 입사해서 힘들게 출퇴근해가며 많은 경험을 쌓고 결혼 후 귀농을 하게 되었다. 아버님 말씀처럼 사회생활이, 그리고 학교에서의 전공이 농사에 크게 도움이 되었다. 전공을 살려 작년에는 통계를 매출에 적용하여 유치원 종류에 따른 매출을 분석했다. 또한 운영하고 있는 펜션에 시설 투자를 하고 이에 따른 매출 분석도 시뮬레이션해보았다. 통계학도의 장점을 십분 발휘해 농업 경영의 패러다임을 바꾸기 위한 다양한 시도를 진행하는 것이다.

"과학적 농사와 관리에 도전해 보고 싶습니다. 올해에는 초등학생을 위한 딸기체험 워크북도 제작했어요."

워크북의 반응이 꽤 좋아 통계를 활용하여 어린이집, 유치원, 초등 저학년 별로 어떻게 공략해야 더 좋은 효과를 얻을 수 있는지 분석하고 있다. 과학적인 접근뿐 아니라 방문객이 즐거운 경험을 할 수 있도록 농장 곳곳에 세심한 신경을 쓰고 있다. 어머니와 함께 직접 만든 오두막집과 앙증맞은 동물농장은 어린이들에게 인기 만점이고, 작은 냇물을 내어 힐링 산책로까지 만들었다.

"제가 지금껏 직장생활을 했더라면 지금 걷는 걸음의 10%도 채 못 걸었을 거예요. 농사가 그만큼 건강에도 좋지요." 그가 일하던 리서치 회사에서 그의 자리는 한 평이었다. 초록향기의 작업 공간은 3천 평. 이 공간을 걸어 다니는 것만으로도 저절로 운동이 되고 건강해지니 즐거운 일이라고 즐거워한다.

"60살이 넘으면 이 부지에 농사 대안학교를 세우고 싶어요. 선생님이 되고 싶었지만 못 되었으니 이 넓은 땅에서 제 꿈을 이루면 되죠."

앞으로 대안학교 교장선생님이 되는 것이 꿈이라는 이규진 농부의 당찬 모습에서 그 꿈이 현실이 될 그날의 농부의 얼굴을 그려본다.

초록향기
남양주시 조안면 진중리 171
www.eco-greenfarm.com

추운 바람이 불기 시작하면 이듬해 따뜻한 봄바람에 꽃이 피어나는 시기까지 놓쳐서는 안되는 즐거움이 바로 딸기 체험이다.
서울 인근에 거주한다면 특히 남양주 조안을 빼놓고 딸기 체험을 말할 수 없는데, 조안지역 딸기 농장은 유기농인증을 받은
유기농딸기연구회 소속 농장이 무려 30여 곳에 이르고,
거의 유일하게 딸기 체험을 하면서 자유롭게 딸기 시식도 가능하기 때문이다.
아이들에게나 가족들에게 소중한, 그리고 맛난 추억을 선사할 즐거운 기회이다.

조안, 산 / 설선作

몽환적 언어로 말하는
감성 이야기

꿈 / 설선作

조안을 배경으로 감성을 그리는 작가 설선(seule-artist@naver.com)은
그만의 독특한 몽환적 언어로 감성을 표현하는 작가로 알려져 있다.
밝은 색채와 신비로운 느낌이 가득한 작가의 그림에서 만나는
조안은 그래서 더 특별하고 아름답게 느껴진다.
설화랑(2005), 조선일보미술관(2007), 인사동 인(2016), 갤러리 설우(2017) 등에서
10여 회 이상의 개인전과 다수의 그룹전을 열었고,
환경미술특별상을 수상하는 등 활발한 작품활동을 하고 있다.

조안, 마을 / 설선作

열정 한아름 꽉 채워 현장 속으로!

남양주시농업기술센터 기술보급과장 박창수

남양주시농업기술센터 1층 기술보급과에서는
상담 온 농민들과 열띤 토론을 펼치고 있는
화통한 목소리의 박창수 과장을 만날 확률이 높다.
언제나 농업기술발전의 최전선에서 열정적으로 뛰어다니는 그는,
센터에서 보급하고 실제 현장에서 적용되고 있는
다양한 기술지원 현황을 꼼꼼하게 직접 챙기는 것으로 유명하다.
언제나 현장을 발로 누비며 지역농업발전의 비전을 가진 그에게
뜨거운 열정의 비밀을 물었더니
'사랑하는 아내와 함께 하는 텃밭'이라는 의외의 답이 돌아왔다.
소박한 일상에서 일과 삶이 하나 되는,
'한 남자의 즐거운 살아가는 이야기'를 들어보자.

152

사랑과 밥상을 꽉 채워 주는 텃밭!

매 주말 오후,
장거리 여행을 떠나는 기분으로 빌딩숲을 뒤로 한 채 두 사람은 '그 곳'으로 향한다.
낯선 향기가 아닌 구수한 옛 향기가 짙은 흙 내음새 나는 '그 곳'은 우리 부부의 놀이터다.
이른 봄 벌써부터 파랗게 돋아나는 채소의 새싹들과 어우러진 잡초들 사이에 이미 한 몸이 되어 있다.

꾹 눌러쓴 모자, 두 손에 고무장갑과 발에는 장화 신고 콧등에 흐르는 땀방울을 즐기는 달콤한 두 사람의 주말 오후, 그동안 서로가 개인 취미생활로 얼굴 보는 것과 대화조차 드물었던 우리 부부는 벌써 이마에 구슬땀이 솟고 서로 소곤대고 있다.

시원한 냉수 한 모금에 웃음 지으며 윙크하는 아내의 사랑이 넘친다. 서로에게 감사하는 마음으로 행복을 가까운 데서 만끽해 본다.

모든 것 다 잊고 소녀와 소년처럼 마냥 신난다.

저녁이면 서로가 앞 다투어 식사를 준비하고 마주 앉아 상추와 향긋한 밭미나리, 당귀잎 등 채소 한 쌈으로 삼겹살 접시가 비워질 때면 그동안 못다 한 깊은 대화에 밤은 깊어만 간다.

텃밭은 사랑과 행복을 키워주는 우리 부부의 아름다운 데이트의 장이다. 주말이면 떠나는…!

주말만 되면 양손 가득 담아 드는 채소 선물보따리까지 일요일 오후에는 네 가족이 좋아하는 돌미나리 향에 낙지 초무침과 막걸리 한잔은 어느덧 집안 한가득 웃음꽃과 가족애를 넘치게 해준다.

땅은 말한다. 땀 흘린 만큼 댓가를 가져간다고 우리 부부는 답한다. 같이 땀 흘린 만큼 사랑도 키워 간다고.

매일 매일 우리 집 밥상은 텃밭에서 가꾼 민속 채소들로 가득 채워진다.

건강으로~ 행복으로~ 사랑으로~

사랑한다. 우리 텃밭!
우리 부부는 텃밭에서 새로운 삶과 행복을 새삼 즐기고 있다.

매일매일 스마일

부자는 아니어도 매일 웃으며 살아요

나라농장 :: 표상호 농부

딸기와 깻잎 농사를 짓고 있는 표상호 농부가 운영하는 나라농장. 표상호 농부는 원래 인천에서 미장일을 하면서 1남 1녀를 대학까지 교육시켰다고 한다. 언제나 즐거운 생활을 모토로 한 그이지만 힘든 일 때문에 고단한 몸이 아프게 되어 고향에 돌아오게 된 것이다. 그렇게 다시 새로운 인생을 연 농부는 주위 분들에게서, 또 농업기술센터와 다양한 모임을 통해 농사를 배워가며 농부로서의 삶을 살고 있다.

이제는 일을 통해 다시 건강을 찾고 일이 삶의 즐거운 일부가 되었다는 표상호 농부.

"저희 집은 농한기가 없어요. 딸기와 깻잎을 재배하고 있는데, 깻잎이 큰 수입원이에요. 근데 이놈의 것은 밤늦게도 따야 하고, 또 사흘거리로 따야 해요."

깻잎은 자주 따지 않으면 크기가 손바닥 만해져서 상품 가치가 떨어지기 때문에 부지런해야 한다며 농장 곳곳을 안내하며 이것저것을 즐겁게 설명한다.

고되기는 하지만 건강을 위해 시작한 일이니만큼 여행도 다니고 이것저것 삶의 여유를 찾기 위해 노력하고 있다. 해외여행을 가기 위해 동네 농부들과 곗돈을 모으는데, 목적지에 따라 몇 만 원이나 몇 십만 원씩을 모으는 재미가 아주 좋다고. 얼마 전에는 베트남, 중국 장가계 등을 다녀왔다며 표상호 농부는 즐거운 표정을 지었다.

딸기 체험을 하면 정해진 시간보다 오래 머무르며 딸기를 따는 손님도 있기 마련이다. 그래도 시간이 되었다고 야박하게 나오라고 말하지 않는다. "그대로 두죠. 그러면 손님들은 실컷 드시고 나서 '배 터져 죽겠네' 하죠. 그러면 저는 '속상해 죽겠네' 하고 웃으면서 응수해요." 딸기가 거의 없어져 속상하지만 따져서 뭐 하느냐고, 손님들이 만족하면 좋은 것이라고 웃으며 말한다.

"부자는 아니어도 남들 가는 해외여행도 갈 수 있으니 이 정도면 행복한 것 아닙니까?"

많은 것을 원하기에 행복하지 않다고 느끼는 것 아닐까? 표상호 농부처럼 소소한 행복을 원한다면 그 행복은 우리 가까이에 있을지도 모른다.

나라농장
남양주시 조안면 송촌리 296-1

조각가
삶을 조각하다

새벽 너른 들판의 이슬 머금은 꽃처럼 살고 싶다는 조각가가 있다.
비정주의 삶을 조각하는 주목받는 작가에서
이제는 마을 공동체와 함께 조안의 삶까지 조각하는 작가 이종희를 만났다.

moving moontown / 이종희作

　조안면 삼봉리에 살고 있는 이종희 조각가는 예명이 '들露花'이다. 순우리말 '들'과 한자 이슬 '로', 꽃 '화'를 쓴다고 한다. 새벽 너른 들판에 이슬 머금은 꽃처럼 살고 싶다는 작가의 희망이 그의 예명이다. 요즘 그의 작업의 주재료는 나무이다. 최소한의 비환경적 요소를 경계하는 노력이 보인다.

　그의 작업의 주요 주제는 '비정주의 삶'이다. '왜 삶은 정착할 수 없는가?'라는 의문으로 시작되는 그의 작업에서 우리는 자동차, 배 등의 이미지를 발견할 수 있다. 산업화이후 도시로 향하는 사람들과 도시로 몰려든 사람들의 삶에 대하여 그는 주목한다. 도시로 몰려드는 풍경은 이삿짐을 실은 차들의 풍경에서 드러난다. 도시로 몰려든 삶의 풍경은 달동네의 풍경으로 보여준다. 그러나 재개발이라는 미명 아래 사람들은 다시 이주한다. 달동네를 싣고 어디론가 떠나는 그의 작품은 '현대적 유목'의 단면을 보여주고 있다.

monument for sewol / 이종희作   moontown on the rice / 이종희作

  작가 이종희는 "정착할 수 없는 삶"에 대한 이야기를 조각으로 풀어내고 있는 조각가이다. 비정주의 삶, 끝없는 이주의 삶의 근원에 대한 고민을 그의 작품에서 읽을 수 있다. 그는 현대인의 유목적 삶의 수단인 자동차에 집착한다. 트럭에 이삿짐을 싣고 가는 가족의 모습, 조각품을 차에 싣고 전시장을 향해가는 자신의 모습 등의 작품을 통해 그는 이동하는 순간을 재치 있고 해학적 시선으로 그려낸다.

  초기 작품에서 작가가 유목적 시간과 사건을 표현했다면, 그의 최근작들은 농촌을 떠난 이주민들이 사는 도시의 풍경을 보여준다. 그 시선은 특히 '달동네'의 애환과 삶에 머문다. 꿈을 갖고 도시로 떠난 이주민은 도시의 중심에서도 밀려나 이른바 '달동네'에서 새로운 둥지를 틀고 정착한다.

  그의 작품은 현재 그가 살고 있는 지점을 반영한다. 그 자신도 자신의 짐들을 배 또는 트럭에 싣고 유토피아를 찾아 떠났었기 때문이다. 하지만 그는 자신이 꿈에 그리던 유토피아가 세상 어디에도 없음을 깨닫게 된다. 새로운 정착지는 결코 완성된 유토피아가 아니다. 이 세상에 과연 유토피아란 것이 있는지 없는지도 알 수 없지만, 만약 그것이 있다 해도 자신이 지금 서있는 자리는 언제나 무엇을 위해 계속 싸워나가야 하는 어떤 시작지점일 뿐이라는 인식이다. "이젠 물러나지 않는다. 없다면 만들겠다"는 것이 그 지점에서 그가 하는 결심이다.

moving moontown / 이종희作

　새로운 꿈을 찾아 떠나는 이주민의 모습을 서정적으로 그린 그의 작품을 최근까지 볼 수 있었다. 그러나 앞으로 가질 전시에서는 '서정'이 아니라 '서사'를 만날 수 있을 것이라 기대한다. 그동안의 작품이 다소 소박한 동화적 풍경과 인물이 주를 이뤘다면, 새롭게 준비하는 작품에서는 이주민들의 구체적 삶과 그 편린들이 대담하게 그려질 것 같다. 나무를 주재료로 하여 분채로 표면을 마감을 하는 그의 작품기법도 보다 표현주의적 방식으로 변화할 것이라 기대한다. 이종희 작가의 새로운 작품을 통해 우리는 일상적으로 전개되는 삶의 한 구석에서 새로우면서도 놀라운 의미를 발견하는 즐거움을 누릴 수 있을 것이다.

　조각 작품을 만드는 것이 그의 주요한 일상이지만, 그는 책도 쓰고, 그림도 그리고, 농사도 짓는다. '부엉배 화이트', '노고산동 블루스', '와부이야기'는 그의 최근 저서이다. 7년 전에 마을길에 주민들과 함께 심은 보리수는 6월이 되면 상큼한 맛으로 지나가는 사람들에게 행복을 준다.

　도시로 몰려든 사람들이 도시를 채웠다면, 농촌은 공동화 되었다. 농촌은 청년들의 주거를 가능케 하는 장치들이 거의 없다. 청년이 사라진 농촌은 공동체의 상실을 가져오고 이에 대한 고민을 '해바라기협동조합'을 통해 주민들과 풀어내려는 노력을 삼봉리에서 진행하고 있다.

　검게 탄 그의 얼굴에서 땀흘리는 노동의 삶과 단단한 작품세계를 엿볼 수 있다.

in joan

인적 없는 오솔길에 피어난 봄맞이꽃이 조안의 아름다움을 더한다.

지금 어디로 가고 있는 거지?

2014년 12월 17일. 우리 부부가 조안면에 전입한 날이다. 서초동, 잠실, 이태원 대사관 길을 끝으로 서울 생활을 접은 날이기도 하다. 한강이 보이는 전망 좋은 집에서 일산으로 출퇴근을 반복하며 골프 지도를 하는 것이 나의 직업이었고, 기대만큼 수익도 보람도 그다지 크지 않았다.

2014년 5월 어느 날, 아침 10시부터 밤 11시까지 열심히 골프 지도를 하고 한껏 물을 머금은 스펀지 마냥 축 처진 몸을 운전석에 깊이 파묻었다. 늦은 시간이라 차들도 뜸한 한적한 강변북로를 달리며 시원한 바람을 맞으려 창문을 열었는데 문득 '내가 지금 어디를 향해 가는 거지?' 하는 생각이 들었다. '분명히 내가 꿈꾸던 삶은 아닌데…' 이렇게 살다가는 죽을 것 같았다. 그때부터 아내를 설득했고 고맙게도 흔쾌히 이해해준 덕분에 그해 겨울, 우리 부부는 조안에 새로운 둥지를 틀게 되었다.

언뜻 보면 귀농 결정이 즉흥적으로 보이지만 사실 몇 년 전부터 귀농박람회도 가 보고, 귀농하기에 알맞은 터를 알아보고 다녔다. 터닝 포인트는 그리 멀지 않은 다음 해에 왔다.

자연이 주는 풍경에…

동이 트기도 전에 밖에서 새들이 지저귄다. '맞아. 여긴 서울이 아니지.' 벌떡 일어나 문을 열고 마당으로 나갔다. 밤사이에 함박눈이 얼마나 내렸던지 온 세상이 눈부셨다. 지체 없이 마당에 기거하던 반려견 휴와 함께 집 앞에 있는 북한강자전거길로 내달렸다. 서쪽 하늘에선 아직 지지 않은 달이 동쪽에서 해가 뜨기를 기다리고 있었고, 하얗게 드리워진 물안개가 자연의 웅장함을 강가에 드리우고 있을 때, 드디어 동이 트기 시작했다. 유명 사진작가의 사진전에나 가야 볼 수 있을 광경이 내 눈앞에 펼쳐졌다. 이것이 자연이구나, 이곳이 내가 귀농한 조안이구나…. 난 내 자신에게 칭찬을 잘 안 하는 편인데 그때 처음으로 내 자신을 칭찬해주었다. 조안으로 들어온 결정은 참 탁월한 선택이었다고. 그 후, 종종 집 앞 강가에서 일어나는 장관을 어렵지 않게 볼 수 있었고, 나도 스스로를 칭찬하는데 점점 익숙해져 가고 있다.

불편한 점...

아내와 단 둘이 귀농을 한 것이 알려지자 주위에서는 놀라움 반, 걱정 반이었다. 서울 사람들 입장에서는 당연할 수 있다. 귀농한 지 해가 바뀌고 2015년 1월. 새해도 맞이했고 우리 부부의 근황을 궁금해 하는 이들이 서울로 우리를 초대했다. 나는 '우여곡절 속 귀농생활 이야기 보따리'를 풀어헤쳤다. 그들은 대문도 없는 집이 안 무섭냐고 아내에게 물어본다. 아내는 씩씩하게 대답한다. 도둑이 우리집까지 오는 길에 무서워서 돌아간다고. 귀농 3년차인 지금도 우리집에는 대문이 없다. 대문 대신 용감한 반려견 두 마리가 우리집 방범을 책임지고 있다. 서울보다 불편한 점은 딱히 없는 것 같다. 이렇게 얘기하면 "에이~그럴 리가"라고들 하겠지만 정말이다. 굳이 말하자면 서울에서 모임을 갖게 되면 술 한 잔하고 대리운전을 부르면 대리기사가 오지 않으려고 한다. 내가 대리기사라도 미처 몰라서 한 번은 와도 두 번 다시 안 올 것 같다. 도착지인 우리집이 가까워지면 대리기사의 얼굴은 어두워지고, 캄캄한 길을 돌아서 가는 대리기사의 뒷모습을 보면 왠지 마음이 무겁다. 그래서 자연히 술을 삼가게 되고 가능하면 대중교통을 이용하게 되었다. 지금은 그 조차 불편하지 않은 것이 동네 형이 대리운전을 하는 것을 알게 됐고, 서울에서 올라치면 직접 형에게 전화해서 도움을 청한다. 어떻게 보면 서울에서 보다 더 편해진 것이다.

작업한 것들..

귀농한 지 보름 정도 지난 뒤였다. 새로운 생활에 기대와 흥분을 조금은 가라앉히고 농장 주변을 둘러보니 참 오랜 세월 동안 방치된 게 눈에 보였다. 30년 넘은 집부터 시작해서 500평 가까이 되는 땅에 예전에 심어 놓은 은행나무들이 군락을 이루고 있어서 사람이 들어가기에는 불가능한 곳도 있고, 여기저기 심어져 있는 엄나무며 하우스 비닐은 산더미처럼 쌓여있고. 며칠을 고민한 끝에 굴삭기를 구매하기로 결정했다. 굴삭기 없이는 이 농장을 정리하는데 한계가 있을 것 같아서 중고 굴삭기를 농장 1호로 과감히 투자했.

은행나무 100여 그루를 옮기고, 하우스를 새로 짓고, 집을 리모델링했으며, 야외 카페도 예쁘게 만들었다. 정말 많은 일을 한 것 같다.

2017년 6월. 귀농 3년차에 이웃주민들의 도움으로 딸기 체험장을 시작했고, 먹고 살아갈 터전을 조금씩 조금씩 마련 중이다. 어떻게 하면 우리 농장을 찾아오는 가족들과 아이들에게 유익한 체험을 선사하고 다른 농장과 차별화를 할 수 있을까? 고민 끝에 아내가 귀농하기 전에 영어유치원에서 영어교육을 했던 경력을 활용하기로 했다. 농장 곳곳에 있는 나무들과 농기구들의 이름을 영어로 써서 나무 이름표를 걸어주고 아이들에게 찾아오는 게임을 진행한다면 생소한 나무이름이나 농기구들도 친숙하게 학습될 것 같아서 내년에는 적극적으로 추진할 생각이다. 또한 작은 야외 골프연습장을 만들어서 주말 가족 체험객에게 골프를 지도할 계획을 세우고 있다. 이 또한 색다른 체험일 것이다. 아이러니하다. 답답한 실내골프연습장에서 일하는 것이 죽을 만큼 싫어서 귀농하게 되었는데….

　아직은 많이 부족하고 서툰 농부지만 작년보다 올해 농장 모습이 나았고 올해보다 내년 농장 모습은 더 나을 것이다.
　'새들도 편하게 쉬어갈 수 있는 곳 조안' 편한 쉼터 같은 농장을 조성하는 것을 올해의 목표로 삼았다.
　서울 생활을 하며 숨막히는 일상에 지친 도시인들의 안락한 쉼터. 잠시나마 마음의 짐과 스트레스를 풀고 갈 수 있는 농장. 이것이 조안에서 내가 꿈꾸는 세상이고 사명감마저 든다.
　휴식을 안겨준 초록초록한 조안을 사랑한다.

마음농장
남양주시 조안면 북한강로 526
blog.naver.com/hajaroi

마음농장에서 바라본 북한강 물안개

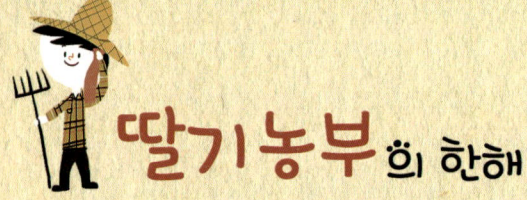

딸기농부의 한해

딸기 한 알 한 알에는 보이지 않는 농부의 땀이 들어있습니다.
우리는 딸기를 12월~5월에 주로 보고 먹고 체험하지만 딸기의 일생은 간단하지 않습니다.
농부의 일 년이 녹아있습니다.
딸기꽃이 피고 열매를 맺기 전에도 눈에 보이지 않는 농부의 활약은 계속됩니다.
그럼 딸기 농부의 땀 흘리는 한 해를 살펴볼까요?

7월
삼복더위에 이글이글한 태양으로 딸기밭 토양을 살균합니다.
하우스 문을 닫아 내부 온도는 70도 이상까지 올라가게 되고 토양 안까지 살균됩니다.

8월 중순
땅에 유기물 퇴비를 주고 밭을 갈아 잘 부식이 되도록 합니다.

8월 말
땅을 갈면서 새로운 두둑을 만들어 높은 고랑과 이랑을 만듭니다.

날이 더워지기 시작하면 하우스 문을 닫아 두면 내부 온도가 올라가 딸기가 자라기 좋은 흙으로 만들어줍니다.

딸기 묘목이 무럭무럭 자랍니다.

9월 초
딸기 모종을 밭에 옮겨 심습니다.
아침저녁으로 하우스 문을 열고 닫으며 매일 물을 주고 잘 클 수 있는 환경을 만들어 줍니다.

10월 말
꽃이 피기 시작하면 열매가 맺도록 수분을 위해 꿀벌을 방사하고
잘 수정되기를 기다립니다.

11월
착과. 딸기가 열리기 시작하면 친환경 영양제나 농가제조 친환경제를
지속적으로 주면서 딸기가 무럭무럭 자라게 돌봅니다.

12~5월
조안의 유기농 딸기농가들은 11, 12월에 첫 딸기 수확을 시작합니다.
5월까지 딸기의 주생산 기간입니다. 5~6개월 간 즐거운 딸기 따기,
잼 만들기 등 체험을 할 수 있습니다. 가족이나 단체 모두 즐길 수 있습니다.

5~6월
조안면 딸기농가들은 5월 중순까지 수확을 종료하기 시작하여
6월 초순이 되면 딸기 재배가 끝나게 됩니다.
딸기를 거두고 나면 잔재물을 제거한 후 후작물을 키우거나
토양관리를 합니다.

맛난 딸기를 따 먹으면 다시 그 자리에 꽃이 핍니다.

꽃이 지면 아기 딸기가 녹색 알을 드러내며 맛있는 딸기로 자라기 시작합니다.

꽃이 피면 벌들이 날아와 딸기가 자랄 수 있도록 수정을 합니다.

운길산의 안개가 자욱하게 피어오르는 조안의 새벽은
태곳적 신비로움을 간직한
고요한 마을의 정취를 흠뻑 드러내준다.

흙과 놀다

흙에 생명을 담아내는 도예가 김윤신

조안면 한적한 도로변에 자리한 아마추어 도예가
김윤신의 집은 입구부터 도자기 화분과
작품들로 가득했다.
환한 미소가 아름다운 김윤신 작가의
거실을 가득 채운 작품과 함께 흙에 생명을
담아내고 흙과 즐겁게 놀고 있는
그의 삶을 들어본다.

　　김윤신 작가는 도시에서 살다가 귀농을 원하는 남편을 따라 남양주로 이주하였고 남편은 이곳에서 축산업을 시작했다. 시간이 지나면서 농촌 생활에 적응이 되었고 생활은 안정되었지만, 김 작가는 마음속 깊이 무언가를 갈구했다. 우연한 기회에 도예 수업을 받았는데 도예의 매력에 빠지게 되었다. 바쁜 생활이었지만 느지막이 시작한 취미 생활을 놓지 않았고 50대에 시작한 취미를 현재까지 약 15년 동안 이어올 수 있었다. 지금은 지역에서 도예 수업을 할 정도로 전문가 수준에 올랐다. 가르치는 일과 작품 활동을 병행하는 생활이 매우 행복하다고 한다.

　　"힘든 일도 많았지만 흙하고 노는 거지 뭐. 도자기를 만들고 있으면 마음이 편안해져요. 그냥 노는 거지요, 흙을 친구 삼아."
　　김 작가는 젊었을 때부터 겉모습보다도 내면에 관심이 많았다고 한다. 도예는 무념무상 상태에서 내면을 돌아보기에 적격이라는 얘기도 덧붙인다.

　　작품의 종류와 수가 무척 많다. 섬세한 도예 기법을 활용한 작품도 많았는데, 고급 기법은 시간과 정성이 여간 많이 들어가는 것이 아니라고 말한다. 김윤신 작가가 좋아하는 작품 스타일은 화기라고 한다. 문 앞에 많은 화분과 수반이 놓여있는 이유기도 하다. 가장 아끼는 작품이라며 보여준 접시는 하얀 바탕에 민들레 한 송이가 자그맣게 그려져 있었다. 김 작가의 소박한 성품과 부지런한 삶을 그대로 보여주는 작품이다. 앞으로도 지금처럼 마음이 맞는 도예 벗들과 도자기도 함께 굽고 식사도 함께하는 삶을 지속하는 것이 꿈이라며, 사는 내내 흙을 만지며 놀고 싶다고 말한다. 여유를 즐기며 살라는 마음 같아서 곰곰이 그 말을 곱씹어 보게 된다.

魚友花 / 김윤신作

역사적 인물의 숨결 따라 in 조안

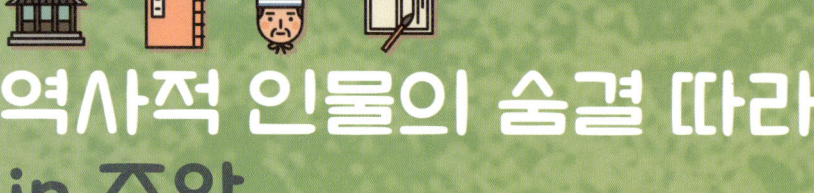

- 남양주종합촬영소
- 남양주유기농테마파크
- 수종사
- 별서터
- 변협·변응성 장군묘
- 물의정원
- 경의중앙선
- 팔당역
- 운길산역
- 양수역
- 한강
- 북한강
- 프러포즈길
- 봉안교회
- 팔당나루
- 경강로
- 신양수대교
- 두물머리
- 남한강
- 팔당댐
- 한확선생묘
- 능내역(폐역)
- 마재성지
- 정약용유적지
- 다산생태공원
- 팔당호

프러포즈길(도미설화)
남양주시 조안면 다산로 141(능내리 산 7-67)

<삼국사기>에는 평민인 도미의 부인을 탐하는 백제 개로왕의 이야기 도미설화가 실려 있다. 도미설화의 정확한 장소는 알려지지 않았지만 현재의 팔당나루가 도미의 눈을 빼서 던진 도미나루라는 설이 있다. 현재 이 일대는 많은 연인들이 프러포즈를 하는 길로도 유명하다.

봉안교회(김용기 장로)
남양주시 조안면 다산로407번길 14-1(능내리 528-1)

아시아의 노벨상이라고도 불리는 막사이사이상을 수상한 기독교 농민운동가 김용기 장로(1912-1988)가 세운 교회. 김용기 장로는 일제강점기 일제 수탈이 심해지자 농가 소득 향상을 위해 '고구마 12개월 저장법'을 개발하였고 여운형 선생과 함께 항일 저항운동을 전개하였다. 해방 후에는 가나안 농군학교를 열어 선진화된 농업기술 교육에 앞장섰다.

한확 선생묘, 신도비
남양주시 조안면 다산로 549(능내리 산69-5)

명나라의 관료이자 조선의 외교관인 한확 선생(1400-1456)은 조선의 여러 왕을 모신 문신이다. 경기도 유형문화재 제127호인 이 신도비는 덕종의 비이자 성종의 어머니였던 인수대비가 부친의 묘비가 없음을 슬퍼하여 건립되었다. 명나라 황제가 코끼리 등에 실어 보낸 돌로 만들었다고 전해진다. 원래는 왕릉 자리인데 한확 선생의 묫자리로 사용하였고 묘의 크기 또한 일반인의 묘소보다 크다. 이후 이 묘소가 왕릉과 비슷한 크기라 하여 능안의 마을, 능내라는 마을 이름이 유래하였다.

신원역

국수역

마재성지(정약종, 정철상)

남양주시 조안면 다산로 698-44(능내리 116)

최초의 천주교 한글교리서 <주교요지>를 저술한 정약종 아우구스티노(1760-1801)와 그의 아들 정철상 가를로(?-1801)를 기리는 성지이다. 정약용의 셋째 형인 정약종은 정철상과 같이 1801년 신유박해 때 순교하였다. 1839년 기해박해 때는 부인인 유조이 체칠리아, 아들 정하상 바오로, 딸 정정혜 엘리사벳도 순교하였다. 2014년 8월 16일 광화문에서 프란체스코 교황에 의해 시복(교황이 신앙이나 순교로 이름 높은 사람을 복자품에 올려 특정 지역의 교회에서 그를 공경하도록 선언)되었다.

다산문화관(정약용)

남양주시 조안면 다산로747번길 11(능내리 85-2)

능내리 일대에는 정약용(1762-1836)의 생가와 묘, 다산기념관, 다산문화관, 실학박물관까지 모든 것이 망라되어있다. 마재마을(능내리)에서 태어난 그는 뛰어난 재능으로 정조에게 발탁되어 피폐한 농촌사회를 위해 정치개혁과 사회개혁을 연구하였다. 신유박해 때 전남 강진으로 귀양 가서 그곳에서 직접 농사도 짓고 학문을 연구하며 조선 후기 실학을 집대성했다. 이후 고향으로 돌아와 꾸준히 학문을 연구하다 이곳에서 생을 마감했다.

대가농원(박문수)

능내리 26번지 일대는 어사 박문수(1691-1756)의 별장터라고 전해진다. 99칸의 집이 있던 곳이었는데 한국전쟁 때 한 두 집을 빼고는 모두 불타고 말았다. 이곳에서 미국 장군 존 하지의 칠순잔치를 크게 열어줬다는 이야기가 마을 주민에 의해 전해진다. 현재는 농원이 자리 잡고 있는데 농장주가 박문수의 집터에 양옥을 지을 수 없다 하여 한옥 건물로 남아 있다.

수종사(세조)

남양주시 조안면 북한강로433번길 186(송촌리 1060)

조선 7대 왕 세조(1417-1468)가 금강산을 구경하고 환궁하던 중 양수리에서 하룻밤 묵었다. 한밤중 종소리에 깨어 다음날 소리가 난 곳을 조사해 보았다. 운길산 고찰의 바위굴 속에서 물방울이 떨어지는 소리가 종소리처럼 울린 것을 알고 이곳에 절을 짓고 수종사(水鍾寺)라 이름 붙였다고 전해지는데, 경내에는 세조가 심었다는 수령 500년이 넘은 은행나무가 있다. 두물머리가 내려다보이는 뛰어난 풍광이 펼쳐지는 이곳에서 다산 정약용, 추사 김정희 등이 모여 차를 즐겼다고 전해진다.

변협·변응성 장군 묘소

남양주시 조안면 송촌리 산26-4

조선시대 무신인 변협(1528~1590), 변응성(1552~?) 장군의 묘소. 변협 장군은 임진왜란 당시 선조가 이미 그가 죽고 없음을 한탄했을 정도로 뛰어난 무신이었다. 그의 아들 변응성 장군은 임진왜란 때 이 일대에서 크게 활약하였는데 말의 꼬리에 나뭇가지를 매달아 달리게 하거나 강가에 횟가루를 풀어 많은 군사가 있는 것처럼 적을 속이는 등 여러 가지 전술을 발휘하였다고 전해진다. 지금도 10월 초하루에는 마을에서 장군을 기리는 장군제를 올린다고 한다. 변협, 변응성 장군의 묘소는 길을 따라 걷다 오른쪽의 작은 철제 다리를 건너 오른쪽 산등성이의 오솔길을 약 150미터 오르면 만날 수 있다.

별서터 하마석(이덕형 선생)

남양주시 조안면 송송골길 67(송촌리 635)

오성과 한음으로 유명한 이덕형 선생이 아버지를 위해 지은 별서터이다. 임진왜란 때 맹활약하며 관료로서 뛰어난 능력을 발휘한 한음 이덕형(1561~1613)은 인조반정으로 삭탈관직당하고 이곳에 내려와 생을 마감했다. 이곳 별서에 대아당(大雅堂)이라는 당호를 걸고 손님을 맞았는데 임진왜란 때 같이 왜적을 퇴치했던 승장(僧將) 송운대사, 노계 박인로, 수종사의 스님들과 교류하며 우정을 나누었다. 노계 박인로는 이덕형 선생이 사제골(송촌리)에서 유유자적하는 삶을 담은 '사제곡(莎堤曲)'을 남겼다. 지금은 이덕형 선생이 심었다는 은행나무 두 그루와 말에 오르거나 내릴 때 발돋움하기 위한 하마석이 남아 있다.

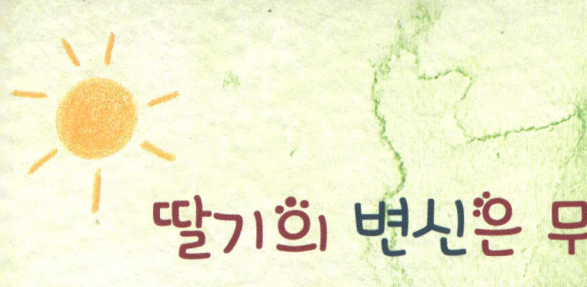

딸기의 변신은 무죄
Recipes with Organic Strawberries of Joan

딸기 하면 씻어서 생으로 먹거나 빵에 바르는 딸기잼만 생각나신다고요?
딸기는 비타민C가 풍부해서 항산화작용이 뛰어나고
딸기 속의 엘라그산(ellagic acid)은 암세포의 APOTOSIS(세포자살)를 유발하여
암세포 억제에 도움이 된다고 합니다.
맛도 좋고 몸에도 좋은 딸기의 다양한 변신! 같이 보실까요!

딸기고추장

고춧가루, 딸기, 된장, 굵은소금, 육수, 쌀조청

1 딸기를 잼보다 묽은 농도로 고아 준비한다.
2 북어머리와 다시마를 넣어 육수를 만든다.
3 재래된장을 믹서기에 곱게 갈아놓는다.
4 잘 말린 고춧가루에 준비한 딸기를 넣어
　고춧가루가 덩어리 지지 않게 잘 저어준다.
5 육수와 굵은소금을 넣어 맛을 맞춰준다.
6 마지막으로 쌀조청을 넣어 고추장의 윤기와
　보존도를 높여준다.

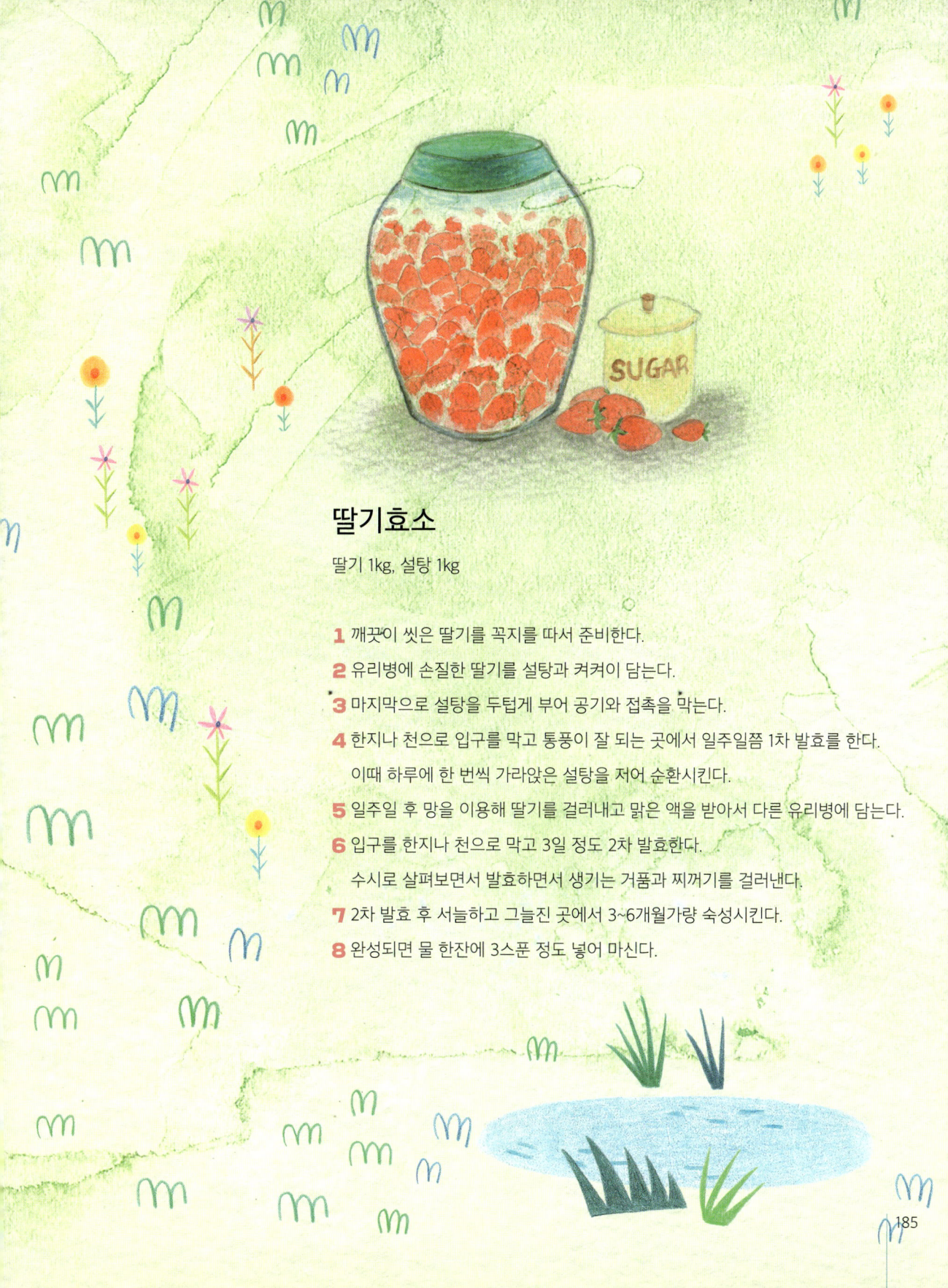

딸기효소

딸기 1kg, 설탕 1kg

1 깨끗이 씻은 딸기를 꼭지를 따서 준비한다.
2 유리병에 손질한 딸기를 설탕과 켜켜이 담는다.
3 마지막으로 설탕을 두텁게 부어 공기와 접촉을 막는다.
4 한지나 천으로 입구를 막고 통풍이 잘 되는 곳에서 일주일쯤 1차 발효를 한다.
  이때 하루에 한 번씩 가라앉은 설탕을 저어 순환시킨다.
5 일주일 후 망을 이용해 딸기를 걸러내고 맑은 액을 받아서 다른 유리병에 담는다.
6 입구를 한지나 천으로 막고 3일 정도 2차 발효한다.
  수시로 살펴보면서 발효하면서 생기는 거품과 찌꺼기를 걸러낸다.
7 2차 발효 후 서늘하고 그늘진 곳에서 3~6개월가량 숙성시킨다.
8 완성되면 물 한잔에 3스푼 정도 넣어 마신다.

Recipes with Organic Strawberries of Joan

딸기찹쌀떡

딸기 6-7개, 찹쌀가루 2/3컵, 물, 소금, 팥앙금, 옥수수전분

1 팥앙금을 25-30g 정도씩 나눠둔다.
2 딸기를 나눠둔 팥앙금으로 감싼다.
3 찹쌀가루에 설탕, 소금을 조금씩 넣고 한번 가볍게 섞어준 후 물을 넣고 잘 섞는다.
4 3을 2분간 전자레인지에 넣어서 돌린 후 잘 섞은 후 다시 2분간 돌린다.
5 찹쌀떡이 달라붙지 않게 전분을 뿌려준다.
6 2번의 팥으로 감싼 딸기를 찹쌀로 다시 한 번 감싸준다. (찹쌀이 뜨거우니 조심!)

감자딸기케이크

감자 5개, 딸기, 와플, 생크림, 설탕, 소금

1 감자를 껍질을 벗겨서 삶는다.
2 삶은 감자를 으깬다.
3 으깬 감자를 고운체에 친다.
4 체에 친 감자에 설탕과 소금을 조금 넣어준다.
5 케이크 팬에 와플을 올려놓는다.
6 와플 위에 **4**의 감자를 올려 케이크 모양을 만든다.
7 감자 위에 생크림을 바른다.
8 딸기를 올려서 케이크를 완성한다.

Recipes with Organic Strawberries of Joan

딸기오믈렛

핫케이크 가루, 계란, 우유, 휘핑크림, 설탕, 딸기

1 핫케이크 가루에 계란과 우유를 넣어 반죽을 한다.
2 적당한 크기로 팬케이크를 구워낸다.
3 반으로 접어 모양을 잡아놓는다.
4 휘핑크림에 설탕 소량을 넣고 부풀어 오를 때까지 저어서 생크림을 만든다.
5 생크림을 접어놓은 팬케이크 사이에 짜 넣는다.
6 딸기를 위에 얹는다. 취향에 따라 블루베리를 같이 얹거나
   슈가파우더를 뿌려주면 좋다.

딸기또띠아피자

또띠아 2장, 새싹채소나 샐러드용 어린잎채소, 딸기, 모짜렐라치즈, 크림치즈, 꿀

1 또띠아 위에 모짜렐라 치즈를 고르게 뿌려준다.
   그리고 또띠아 한 장을 위에 덮는다.
2 오븐이나 전자레인지, 프라이팬(을 이용할 경우 뚜껑을 덮어)을
   이용하여 구워준다.
3 윗면에 꿀을 얇게 바른다.
4 새싹채소와 어린잎채소를 3 위에 고르게 얹어준다.
5 딸기를 얹고 취향에 따라 블루베리나 견과류도 추가할 수 있다.
6 마지막으로 크림치즈를 떠서 군데군데 올린다.

신선한 체험이 있는
농산물이동판매대

조안에는 다산길영농조합의 작은 명물 농산물이동판매대가 있다.
상수원보호구역으로서 다양한 규제 때문에 카페나 판매장 등이 세워지기 힘든 지역여건을 감안하여
이동식 농업체험을 할 수 있도록 만들어진 것이다.

농산물이동판매대에서는 영농조합원들이 직접 재배한 신선한
딸기와 오디를 구입할 수도 있고,
즉석에서 딸기잼을 만들어보거나 오디슬러시 등을 만들어 보는 등
농산물 가공체험까지 가능하다.
또한 딸기 묘목을 직접 심어보고 기를 수 있는
간단한 체험교육까지 제공하여
각종 행사에서도 인기 만점이다.

다산길영농조합의 농산물이동판매대는
조합원들이 자발적으로 참여하여
지역의 우수한 농산물을 알리는데
크게 일조하고 있다.

우리 아이들의 내일, 지켜야 할 농업의 가치

남양주시농업기술센터 기술보급과 농촌자원팀장 조미경

먹는 것이 그 사람을 규정한다는 생각으로 안전하고 건강한 먹거리로
슬로라이프 실천을 보급하기 위해 애쓰고 있는 조미경 팀장은,
실제로 자녀들을 안전한 먹거리와 함께 자연 속에서 공동육아로 키우는 등
작은 것부터 실천하며 더욱 큰 꿈을 이루어가는 삶을 살고 있다.
농업이 중요하다고들 하면서, 우선순위에서 점점 밀리는 현실을 안타까워하는
순수한, 어찌 보면 '순진한' 열정을 갖고 있는 그녀는
'사람이 사람다우려면 자연과 농업을 이해해야 하고,
그래서 도시농업에 관심이 많은 시민에게
최상의 서비스를 제공하는 공무원이 되어야 한다'는 생각에
오늘도 새로운 일을 찾아 분주히 움직이고 있다.
개인보다는 늘 '함께'를, 현재보다는 늘 '미래'를 생각하는 그녀에게서
내일의 비전을 품은 진정한 농업의 가치에 대해 들어보자.

남양주郡군 구리邑읍 시절

기억에도 없는 한 살 때부터 구리에서 살았다. 어린 시절의 기억은 온 동네가 논밭이었다. 신작로에 버스를 타러 가려면 꽁꽁 얼어붙은 미나리깡에서 썰매를 타고 있는 친구들을 보며 지나가야 했고, 장마철 왕숙천에 물이 차서 다리 밑까지 꼴딱꼴딱하다고 소문이 나면 물 구경도 다니고 했던 어린 시절이다. 공부에 재주가 있어 남양주 대표로 각종 경시대회에도 다녔던 터라 내겐 남양주와 구리가 다르지 않았다.

남양주 하면 지금도 푸른 논밭이 떠오른다. 미나리깡, 배밭, 딸기밭, 포도밭, 밤나무골의 푸르름...
그래서 남양주의 푸른 청정 이미지를 가장 많이 담고 있는 조안에 애정이 가는 것은 당연한 것.
'조안, 지금 만나러 갑니다'
조안을 그대로 담아낸 첫 번째 책을 보면서 "역시 조안이야!"하는 생각과 함께 앞으로의 걱정이 밀려들었다.
'점점 도시화되어 가고 있는 남양주에서 조안만이라도 푸른 남양주의 이미지와 농업, 그리고 쌀을 지켜달라고 하면 지나친 욕심일까?'

'그래도 가장 오래된 산업인 농업은, 앞으로도 인류가 존재하는 한 보존되어야 하고, 5천년 동안 우리 민족의 주식으로 내려온 쌀산업 또한 '왜' 지켜야 하는지 다시 한번 되새겨야 하지 않을까?'
당장 내 주머니 속 돈이 되지는 않겠지만, 혹 누구라도 사명감에 농업과 쌀을 지켜보겠다고 '논밭에 태극기를 걸고 노력하지 않을까?' 하는 생각을 잠시 해본다. 사실 조안에 가면 태극기를 걸어놓은 하우스가 있어, 지날 때면 농업관련 공무원으로서 늘 마음이 숙연해지곤 했다.

요즘 한의원이나 병원에 가면 대부분 "밀가루음식 드시지 말구요~" 한다. 밀가루 원조로 지내온 아픈 현대사를 뒤로하고 이제는 돈 안되는 밀농사를 대부분 그만두면서 밀 자급률이 1%대까지 떨어졌고, 식품으로서 안전성 또한 담보되지 못하고 있다. 쌀벌레는 흔히 볼 수 있지만 밀가루벌레는 눈을 씻고 봐도 찾기 힘들다. 쌀이라고 다르지 않을 것이다. 우리나라의 1인당 연간 쌀소비량은 62kg으로, 하루로 따지면 고작 383원인 셈인데 그야말로 커피 1/10잔 값이다. 지금은 쌀이 남는다 하지만 밀산업처럼 돈이 되지 않는다고 쌀농사를 포기하게 될까 봐 걱정이다.

5천년 이상 검증되어온 쌀은, 특히 현미는 적당히 섭취하면 성장발육촉진, 두뇌발달, 기억력

| 주요국 비만율 | 미국 34.4% > 일본 3.5% > 한국 3.4% |
| 1인당 연간 쌀소비량 | 한국 62kg > 일본 55kg > 미국 7kg |

개선, 고혈압 저하, 숙취해소, 골다공증 예방뿐 아니라 밀가루보다 소화가 잘된다는 연구 결과와 함께 국가별 쌀소비량은 비만율과 반비례한다는 결과도 이미 발표된 바 있다.

그러나 쌀산업이 무너져 쌀을 수입에만 의존하게 되면 쌀의 안전성이 위협받게 되고, 지금의 밀가루처럼 점점 쌀도 기피 식품이 될 수 있다. 이러한 안타까운 현상이 벌어지지 않기를 바랄 뿐이다.

미래학자들은 2040년이면 식량난으로 지구에 위기가 닥쳐 식량이 무기화될 것이라는 경고를 내놓고 있다. 겨우 23년 후의 일이다. 너무 걱정이다. 내가 먹을, 내 가족이 먹을 쌀을 생산할 논을 확보해 놓아야 할 것 같다. 국가적으로도 이에 대비해 농업기반을 보존하고 농업을 지켜나갈 대책을 마련해야 할 것이다.

농업의 중요성은 아무리 강조해도 지나치지 않다. 우리가 평소 공기의 중요성을 인식하지 못하듯...

농업은 식량공급의 기능 외에도 환경생태계 보전, 문화와 전통 보존, 지역사회 공동체를 형성하는 기능과 식품의 안전성과 국민생존권을 보장하는 등 국가 형성의 기본산업, 기간산업, 기초산업으로서의 공익적 기능을 훌륭히 수행해 내고 있다. 특히 쌀농사는 논을 유지하면서 홍수방지효과, 수질정화, 지하수 공급효과, 산사태 방지 효과, 이산화탄소 흡수, 그리고 산소배출 효과 등 셀 수 없이 많은 순기능이 있는데, 이러한 효과를 금액으로 환산하면 약 130조원의 가치가 된다고 한다. 여기에 계량화하기 어려운 문화와 전통의 보전가치, 농촌지역사회 발전 및 경관의 가치, 식량안전 및 안보효과까지 계상하면 그 가치가 가늠이 될까?

혹 셀수 없는 숫자라 무시되는 것은 아닐까?

아무리 강조해도 지나치지 않을 농업의 가치가 무한대이다 보니 숫자로 느껴지지 않아 그 중요도가 점점 후순위로 밀려나는 미련한 사회에 살아가고 있는 것 같아 몹시 괴롭다.

EU, 스위스, 북유럽, 중국, 러시아는 물론 미국, 캐나다, 일본 등은 농업의 비교역적 다양한 공익가치의 중요성에 대한 국민적 합의에 근거하여 이미 농업, 농촌, 농업인들의 기본소득과 권익보장을 제도적으로 실현하고 있는 농업 선진국들이다.

우리 조상들은 예로부터 공업과 상업보다 농업을 더 우선시해왔다. 현대에 들어오며 잠시 저평가되고 있는 농업을 버려서는 안된다. 그리고 이러한 위기의식과 관심들이 모아져, 농업을 지켜내고 있는 농업인과 농촌을 제도적으로 지켜낼 수 있는 방법이 우리나라에서도 머지않아 정책으로 입안될 것이라는 믿음을 가져 본다.

남양주군 구리읍의 그 시절을 회상하며, 지금 내가 보는 오늘의 풍경과 내가 꿈꾸는 비전을 돌아본다. 그리고 눈부시게 아름다운 푸른 남양주 들녘을 바라보며, 또 보존해야 할 가치를 지닌 바람에 넘실거리는 조안의 황금논을 바라보며, 사랑하는 아이들과, 또 그 아이들의 아이들이 3017년에도 '조안, 지금 만나러 갑니다', 그리고 '함께, 조안'을 펼쳐보며 북한강변의 사계절을 만끽하기를 두손 모아 기도해 본다.

마냥 평범해 보이는 동네의 길에서

우리는 사람을 만나고

웃음을 만나고

또

삶을 마주하게 됩니다.

오늘

길 한가운데서

당신의 행복도

만나게 되길...

조안에서 길을 생각하다

도로명주소는 2011년 7월 29일 고시 이후,
기존 지번 주소와 병행 사용하다
2014년부터는 전면적으로 사용되고 있다.
올바른 길이름을 찾고 의미 있는 길이름을
붙여주기 위한 활동을 전개하고 있는
조안 송촌리에 거주하는 김영경 박사로부터
길에 대한 이야기를 들어보았다.

도로명 명품도시를 꿈꿉니다

며칠 전 금강송회에서 있었던 일입니다. 사무장이 나를 '우리 마을 도로명을 <송송골길>로 바꾸어 준 분'이라고 소개하며, 나도 모르는 사실 하나를 회원들에게 알려주는 것이에요.

"얼마나 편리한지 모릅니다. 부산이든 광주든 친구들에게 우리집 오는 길을 알려줄 때, 내비게이션에 '송송골길', 아니 더 간단하게 'ㅅㅅㄱㄱ'만 입력하라고 하면 됩니다. 그러면 전국에서 딱 하나만 뜹니다."

이 말을 들은 회원들 역시 귀가 번쩍 뜨였는지 심지어 받아 적기까지 하더군요. 그 장면을 보며 얼마나 보람차고 기뻤던지!

그동안 '아름다운 길이름 갖기 운동'을 추진하면서, "도로명에 아라비아 숫자, 아니 그것도 모자라 가나다까지 붙여놓은 도로명은 모두 잘못되었다. 딸기길, 용진나루길, 한음길, 수종사길, 교회길 등 자연이나 향토문화, 역사나 인물을 기리는 이름으로 바꾸어야 한다"며 역설하고 다녔지만, 정작 내가 사는 집 도로명은 내비게이션에 찍은 적이 없었기 때문에 그런 사실을 몰랐거든요.

송송골길의 개정 전 명칭은 북한강로545번길이었어요. 임진왜란 진압에 남다른 공을 세운 조선의 명신 한음 이덕형 선생의 유적이 있고, 선생이 심은 수령 400년의 은행나무가 수호목으로 버티고 있는 마을. 그래서 선생의 호, 쌍송(雙松)을 따서 지었다는 마을이름 송송골! 그런데 그를 상징하는 도로의 명칭이 무미건조하기 짝이 없는 '북한강로545번길'이라니? 이런 형편없는 이름이 붙은 도로명판을 처음 보는 순간 얼마나 화가 났던지! 지금으로부터 꼭 10년 전의 일입니다.

그래서 2014년 '아름다운 길이름 연대'라는 나홀로 단체를 만들어 마을 진입로인 '북한강로545번길'을 '송송골길'로, 그 지선인 '북한강로545번안길'을 '한음길'로 바꾸었고 다음 계획, 즉 '한음길'과 연결된 '북한강로499번길'을 '오성길'로 바꾸기 위해 암중모색, 때를 기다리고 있었는데 드디어 금강송회 사무장을 원군으로 얻은 셈이죠. 그러니 이 얼마나 기쁜 일이 아니겠어요.

금강송회는 조안면 송촌2리 노인회를 내가 임의로 바꿔 부르는 이름인데, 캐럿이 클수록 가치를 더하는 금강석과 마을의 상징인 소나무를 조합해 지은 것이죠. 마을 경로당도 금강송당(金剛松堂), 줄여서 금당(金堂)으로 바꿔 부르자고 제안할 예정입니다.

운길산 자락, 조안 송촌리 한음골의 한적한 길목에 위치한 아름다운 한옥, 박소재(樸素齋)에서 자연과 책과 사랑하는 아내와 사계절의 꽃과 함께 살고 있는 김영경 박사는 대학에서 사회학을 전공하고 한국과학기술연구소(KIST)에서 컴퓨터 소프트웨어 개발 분야 연구원으로 일하다 일찍이 독일로 건너가 이슬람을 주제로 종교학 박사학위를 받았다. 귀국 후 서강대학교 종교학과 계약교수, 서울대학교 지역종합연구소 특별연구원, 한일장신대 인문학부 연

구교수로 재직하고, 지금은 전공분야 대학 강의와 집필활동과 더불어 한국버츄프로젝트 대표로서 UN이 인정한 세계적인 인성교육 프로그램, 버츄프로젝트를 통해 우리 사회의 인성문화 발전을 위해 노력하고 있다.

 김영경 박사가 조안으로 정착하게 된 이야기가 재미있다. 젊은 시절 지금의 아내와 결혼하기 위해 '집 한 채는 있어야겠다' 싶었단다. 그렇게 여러 지역을 살피다 눈에 들어온 지금의 집을 구입하게 되었다. 결혼 후 이내 독일 유학이 시작되어 힘든 유학생활을 하는 가운데서도 한국에 돌아가면 쉴 공간 박소재가 있다는 것이 언제나 큰 위안이고 기쁨이 되었다고.

 김영경 박사는 지금도 다양한 활동을 펼치고 있다. 국회 인성교육실천포럼 자문위원, 사회적 약자를 돕기 위해 설립된 모듬살이연대 상임대표직과 기존의 도로명을 개선, 국가의 품격을 제고하는데 기여하는 것을 목표로 하는 풀뿌리운동인 '아름다운 길이름 연대' 대표를 맡고 있고, 네이버 밴드 '박소재 이야기'를 통해 한옥살리기운동도 펼치고 있다.

 유럽에 살면서 베토벤길, 헨젤길, 그레텔길 등의 이름이 너무도 부러웠다는 김영경 박사가 짧은 시기에 깊은 연구 없이 진행된 도로명주소의 문제점을 개선하기 위해 펼치는 노력은 관심있는 이들로부터 이제 조금씩 호응을 얻어가고 있다. '북한강로545번길'을 '송송골길'로 바꾸기까지 지역주민들을 한 분 한 분 만나 설득하고 동의를 받기까지 많은 난관이 있었지만 이러한 작은 움직임이 앞으로 100년, 1,000년의 역사와 전통을 올바르게 만들어갈 가장 기본적인 것임을 알기에 자부심과 보람으로 남이 알아주지 않는 일을 해나가고 있다.

아름다움을 직조하는 조안의 부부

조안초등학교 후문 쪽으로 아담하게 지어진 유리공방에서는
언제나 따뜻한 미소를 가진 노부부를 만날 수 있다.

　조안면 조안초등학교 옆에는 눈에 뜨이는 카페가 하나 있다. 논밭이 이어지는 길에 홀연히 나타난 카페는 담쟁이덩굴이 가지를 뻗어 외벽을 감싸고 있다. 간판에는 '인동 유리공방'이라고 적혀 있다. 문을 열고 들어가 보니 커피 향이 후각을 자극한다.

　실내는 몽환적인 분위기를 풍기고 있다. 곳곳에 채워진 스테인드글라스 작품과 독특한 소품들, 옷가지가 가지런하게 행거에 걸려 있었다. 인동 유리공방은 카페 겸 작업실로 활용되고 있다. 이곳에서 김진숙 대표는 바느질 작업을, 남편은 스테인드글라스 작업을 하고 있다.

　김진숙 대표는 1998년까지 패션 디자이너였다. 자신의 이름을 걸고 운영한 부티크 샵은 제법 인기가 있었고 그만큼 보람과 성과도 얻었다. 나이가 들면 은퇴하여 시골에 집을 짓고 살겠다는 소망을 이듬해에 실현했다. 일을 쉴 때면 양수리, 문호리를 포함해 조안면 일대를 드라이브하곤 했는데 유독 지금 카페 옆에 있는 단독주택이 마음에 들어 이주를 결심하게 되었다.

　김 대표의 남편 박윤육 씨는 유리공방을 손수 짓기 시작했고 약 2년이 걸쳐 완성되었다. 원래는 작업실로 사용하였으나 조안초 학부모들의 요청에 따라 바느질 수업과 스테인드글라스 수업도 병행하고 있다.

　"비전이요? 그런 것 없어요. 지금의 삶으로도 만족스러워요. 이 공간을 좋아하는 분들이 오셔서 커피를 마시는 모습을 보고 가끔 바느질 수업을 하는 일상이 제게는 소중해요. 예전에 디자이너로 일할 때는 일에 집중하느라 이러한 일상의 소중함을 잃어버렸었죠"

　작업실 안쪽에 걸려 있는 옷을 보니 세련된 보헤미안 패션이 많다. 아름다움에 대해서 이렇게 말한다.

　"저는 아름다움을 좋아해요. 지금도 시장이나 백화점에서 예쁜 옷을 보면 입기 위해 사기도 하고 팔기 위해 사기도 해요. 아름다운 것은 제 가슴을 뛰게 한답니다."

　아름다움을 사랑하는 마음이 김 대표의 얼굴에 곱게 나타난다.

　김 대표는 남편과 24시간 함께 한다. 부티크를 운영할 때 남편은 전문 재단사였기에 늘 곁에서 함께 작업했다. 현재도 서로 수업 시간을 맞추며 작업실을 공유하고 있다. 디자이너 시절에도, 카페 주인이자 바느질 수업 선생인 지금도 남편은 늘 곁에 있다. 아름다움을 직조하는 김 대표와 남편의 동행이 아름답다.

넉넉히 함께 걸을 수 있는 꽃길을 지나는 행복

in joan

어느 스코틀랜드인의 꿈

도리안 번즈, 사랑을 찾아 한국에 오다

안녕하세요. 제 이름은 도리안 번즈(Dorian Burns)입니다. 제 학생들에게는 Mr.B라고 통합니다. 현재 홍익대학교에서 영화, 광고, 예술사를 가르치고 있습니다. 저는 탄자니아에서 태어나서 아버지의 고향인 런던과 스코틀랜드 출신인 어머니의 고향 스코틀랜드 하이랜드에서 자랐습니다. 스코틀랜드 하이랜드에서 십대를 보내서 그곳을 제 고향이라고 부르곤 합니다.

한국에 오게 된 이유는 사랑 때문입니다. 이렇게 말하면 제 학생들은 다들 미소를 짓습니다. 런던 대학에서 학위를 위해 공부를 하고 있을 때 공부하러 온 아내, 현주를 만나서 사랑에 빠졌습니다. 아내는 3년 동안 런던에서 공부하고 한국으로 돌아갔습니다. 그 후, 3년 동안 장거리 커플로 연애를 한 후, 결국 한국에 와서 결혼했습니다.

자연의 아름다움을 찾는 재미에 빠질 수 있는 조안

런던은 할 일도 많고 생기 있는 도시입니다. 영국의 유명한 시인인 사뮤엘 존슨이 말했습니다. "런던에 싫증난 사람은 삶에 싫증이 난 것이다. 삶이 감당할 수 있는 모든 것이 런던에 있으니까."(When a man is tired of London, he is tired of life; for there is in London all that life can afford.) 런던 사람들에게 런던은 사랑과 증오의 대상입니다. 서울에 도착했을 때 서울은 너무 오염되고 독신에게 더 적합하다고 생각했어요. 자전거를 타고 동네를 탐험하다 조안을 발견했을 때, 즉시 아름다운 풍경과 사랑에 빠졌습니다. 결국 조안에서 살기로 결정했습니다.

아이와 함께 가정을 이루고 있어서 시골에서 사는 게 무척 만족스럽습니다. 현재 런던에 사는 많은 커플들에게 정원이 있는 시골집에서 사는 것이 꿈입니다. 도시의 소음과 신경을 분산시키는 것에서 멀리 떨어진 곳 말이죠. 저는 운이 좋습니다. 십대 때 스코틀랜드 하이랜드의 작은 마을에서 살았으니까요. 거기서 저는 자연의 아름다움을 감상하는 걸 배웠고, 바로 그 이유 때문에 조안에 오게 되었습니다.

사계절 중 벚꽃이 피고 생명이 터지는 봄을 가장 좋아해요. 수영장 가는 길에 아침에 북한강을 따라 자전거 페달을 힘껏 밟으면, 계절의 여왕인 봄의 신선하고 차가운 공기가 제 주변에서 속삭이는 것 같아요.

게다가 조안은 강과 가까워요. 또 제 딸이 조안혁신초등학교에서 초등학교 시절을 즐기기를 바랍니다. 정원이 있는 집에서 사는 것은 많은 영국인들이 꿈꾸는 삶이에요. 한 가지 불편한 점은 제가 사는 곳이 전철역과 멀다는 점이에요. 버스를 타기는 하지만 운길산역에서 걸어 다닐만한 거리에 집이 있었으면 좋겠어요.

'린애 아빠'로 사는 '맛'

저는 조안에서 유일한 외국인으로 사람들에게 당연히 호기심을 불러일으키는 것 같습니다. 그래서 아주 친절한 사람들을 많이 만났습니다. 제 딸은 친구가 많아서 친구들과 잘 지내고 딸아이 친구 부모와 모여서 같이 바비큐도 하곤 합니다. 이번 주 토요일에 몇몇 한국인 가정과 '반딧불 축제'에 갈 거고 모여서 술도 마실 겁니다. 한국 사람들이 저를 린애 아빠라고 부르는 걸 들으면 무척 행복합니다. 제가 지역 공동체의 일원으로 받아들여지는 것 같아요.

Hello, my name is Dorian Burns or Mr. B to my students. I'm a teacher in the Art Dept. at Hongik University where I teach film, advertising and art history. I was born in Tanzania and grew up in London, my dad's home town and the other place I call home is in the highlands of Scotland where my mum is from and where I spent my teenage years.

When first arriving in Seoul I decided that it was too polluted and life was more suited to a single person, so I thought having a wife and daughter, the country would be better. In addition I enjoyed the rural landscape and less busy lifestyle, having lived in the Scottish countryside. In addition I wanted my daughter to enjoy her elementary school years in an innovative school like Joan's. Finally I chose Joan to live in because I love to bike and explore so when I discovered this area I instantly fell in love with its beautiful landscape and close proximity to the river. Furthermore I like living in Joan a lot as I have a house and a garden which is what most British dream of having, also I have some great neighbors who are very generous. On the downside where I live is quite a distance from the subway station so I have to catch a bus which is not as frequent as I would like. However I hope to have my own house in walking distance of Ungilsan station in the not too distant future. Of all the seasons I think I like the spring most with its cherry blossoms and explosion of life and I love cycling down the Han river in the morning on the way to the pool with the fresh cool air whistling around me in that queen of all seasons.

When my students at university ask me what brought me to Korea I say it was love which always brings a smile to their faces. I then tell them I met Hyunju, my wife to be while we were both studying higher degrees at the University of London and fell in love with her over the three years she was there, after which we kept a long distance relationship for another three years before I joined her and eventually got married in Korea.

Well there is so much to do in London and it's a very vibrant place. Furthermore the famous writer Samuel Johnson said " when a man is tired of London, he is tired of life; for there is in London all that life can afford.", however for most Londoner's it is a love/hate relationship and actually now that I'm married with a child, life in the country is great, also for most married couples, there dream is living a house in the countryside with a garden far from all the noise and distractions of the city. In addition I am lucky that in my teenage years I lived in the Highlands of Scotland in a small village so I learnt to appreciate the beauty of nature which is one of the things which brought me to 조안.

As to activities with Koreans, I think being the only foreigner in the village makes people naturally curious and I have found many to be really friendly. Moreover my daughter 린애 has lots of friends and so I socialise and do activities with the parents like barbeques. In addition this Saturday I am going with several Korean families to a Fire Fly Festival, after which we will get together and have a drink and I will hear my Korean name Lynnae 아빠 which makes me feel happy and that I am accepted as part of the community.

남양주 조안면 능내리의 다산유적지에는 30년이 넘게 이어져온 오래된 지역축제가 있다.
바로 대 실학자 다산 정약용(1762~1836)의 실사구시 위민정신과 전통문화를 계승하고자
1986년 문화제 행사를 처음 개최한 이래 2017년으로 31회를 맞이한 남양주다산문화제!
유네스코 세계기념인물로 선정된(2012년) 다산 정약용 선생의 얼과 멋을 느낄 수 있는
다양한 이벤트와 체험프로그램으로 구성되는 다산문화제는 매년 다산유적지 및 다산 생태공원에서 열리는데
2017년에는 다산대상시상식, 다산서예대전, 문예대회, 취타대 및 유생행렬, 전통예술공연, 역사놀이체험 등
조선시대 생활상의 퍼포먼스를 통해 다양한 프로그램을 진행하였다.

주최/주관 | 남양주시
http://www.nyjdasan.or.kr

사진 | 2017년 가을 다산문화제를 수놓은 연놀이

다산문화제 홍보영상

사진제공 | 남양주시청

사진 | 다산문화제가 열리고 있는 다산유적지

행복한 체험 맛있는 체험
사계절체험농장

예당농원 :: 박갑선·전숙자 농부

큰 규모의 체험농장을 갖춘 예당 농장은 오디뿐만 아니라 딸기, 고구마 등 여러 가지 작물을 키우고 있다. 한철 체험으로만 끝나는 것이 아니라 방문객들이 다양한 체험을 할 수 있도록 좋은 시설과 다양한 서비스를 갖추고 있다.

13대째 대를 이어 농사를 짓고 있는 박갑선 농부의 얼굴엔 인자함이 가득이다. 친환경 오디를 기른다는 사실에 대해 자부심이 크고 오디의 효능에 대해서도 폭넓게 알려주는 농부의 이야기는 거리낌 없고 솔직하다.

예당 농장에는 어린이 손님이 하나라도 더 경험하고 돌아갈 수 있도록 집 뒤 텃밭에 고구마를 심어놓았고, 체험장 안에는 짚풀 공예품 몇 가지가 가지런히 놓여 있다. 체험 시설을 상시 운영하고 있어 손님이 끊이지 않는다. 한번은 체험하러 온 초등학생 한 명이 학교 앞에서 산 병아리를 키워달라며 농원으로 데리고 온 적이 있었다. 병아리는 마치 반려동물처럼 사람을 잘 따르고 사람 품 안에 안기기도 했다. 한창 바쁜 철이 되어 잠시 병아리를 옆집에 맡겨놓게 되었는데, 그만 병아리를 잃어버리고 만 것이다. 한참 후에 농장을 다시 찾은 아이가 병아리를 찾는데 어찌나 난감했는지, 그 때를 생각하면 아직도 미안한 마음 뿐이라며 들려주는 이야기가 아이들을 사랑하는 농부의 마음을 그대로 느낄 수 있게 한다.

아내 전숙자 농부는 농업기술센터에서 제과·제빵을 배웠고 한 달에 한두 번씩 회원들과 베이킹 스터디도 한다. 오디가 들어있는 갓 구운 오디 쿠기 맛과 향이 빼어났다. 예당 농장에는 쿠키뿐만 아니라 오디잼, 뽕잎 가루 등 신선한 먹거리를 갖추고 있다. 예당 농장은 오디 체험뿐 아니라 사람을 좋아하는 부부와 사람 사는 이야기를 나눌 수 있어 더욱 좋은 곳이다.

예당농원
남양주시 조안면 조안리 770
https://jsj8100.modoo.at

하늘이 내리는 열매, 오디

구봉오디농장 :: 박흥식 농부

　세 개의 봉우리가 부락을 둘러싸고 있다 하여 삼봉리, 그중에서도 봉우리 아홉 개가 겹쳐 보인다 하여 구봉마을이라고 불리는 곳. 그 봉우리들 사이로 야트막하고 아늑한 마을 중앙, 가장 볕이 잘 드는 곳에 구봉오디농장이 있다.

　국수 사업을 시작하며 오디와 인연을 맺게 되었다는 박흥식 농부는 처음에는 충남 공주에서 오디를 가져와 국수를 만들었다. 그러다 차츰 오디에 애정이 생겨 남양주, 양주, 충남 등 전국에서 오디 교육과 연수를 받으면서 이제는 오디와 뽕나무에 대해서는 누구보다 해박한 지식을 갖게 되었다. 과상, 대성, 대심 등 여러 종류의 뽕나무를 1,000여 그루나 심어 여러 테스트를 거친 후에 가장 건강하고 당도 높은 400여 그루로 현재의 뽕나무밭을 이루었다. 많은 시도를 해 봤지만 수확량이 줄더라도 작게 나무를 관리하면 당도가 높아지고 체험하기도 좋다고 한다.

　작물 농사 중에서도 가장 섬세하고 많은 힘이 드는 오디는 조금만 비가 많이 오면 균핵병이 걸려 한 해 농사를 망칠 수 있다. 더군다나 균핵병에 한번 걸리면 해마다 반복될 수 있어 특히 농부의 끊임없는 손길이 필요하다.

단 십여 일만 수확할 수 있는 오디는 날씨와 통풍, 강한 볕이 조화를 이루어야 먹을 수 있다. 그래서 하늘이 허락해야만 누릴 수 있는 열매라고 한다. 어른 엄지손가락보다 더 굵은 열매가 탐스럽다. 오디는 검은색을 띤다고 익은 것이 아니다. 박흥식 농부는 오디는 손으로 툭 건드렸을 때 후드득 떨어질 정도가 되어야 수확할 때가 된 것이라고 말한다.

오디만은 우리 농장이 최고라고 자랑하는 박흥식 농부. 홈페이지가 없어도, 광고하지 않아도, 때가 되면 아는 사람만 알음알음 물어서 찾아와 과실을 즐기고 간다. 농부에게 작물은 자식과 같다고 한다. 야트막한 뽕나무를 바라보는 눈이, 열매를 돌보는 손길이 이보다도 더 다정할 수 있을까? 볕 좋은 구봉마을에서 오디는 하늘이 허락할 때를 기다린다.

구봉오디농장
남양주시 조안면 삼봉리 456

조안 스케치

우리땅을 밟아가며 한국의 일상적인 모습을 종이에 담아내는 작가
배순덕(changrang11@naver.com)을 조안에 있는 작가의 집에서 만나기란
결코 쉬운 일이 아니다. 작가는 오늘도 누군가의 집에서 혹은 찜질방 구석에서
쪽잠을 청해가며 한국의 하루하루를 담아내고 있을 것이기 때문이다.
그림에 대한 열정과 우리땅에 대한 즐거움이 가득한 작가와의 만남을
작가가 사랑하는 조안의 오래된 풍경으로 대신 소개한다.

동방 경관 중 으뜸이라 불리는 수종사 앞 북한강의 풍광은 땀 흘려 오른 수종사 뜰에서 누릴 수 있는 최고의 호사이다.
세조가 머물며 청명한 종소리의 약수(水鍾)에 얽힌 이야기를 만들어낸 수종사는
운길산 중턱에 자리 잡고 있다.

조안면 능내리에서 한적한 산길을 따라 언덕을 오르내리면 이내 조안리에 다다른다.
다산길3코스(새소리명당길)로 알려진 이 길의 18년 전 스케치가
오늘의 모습과 크게 다르지 않다.

안개 낀 새벽 공기가 맑은 조안의 '물의정원'은 느려서 행복한 사람들을 위한 힐링의 정원이다.
북한강자전거길을 가로질러 솟아있는 뱃나들이교를 지나면
싱그런 꽃내음이 가득한 넓은 꽃밭이 펼쳐진다.

조안리와 송촌리를 지나 북한강로를 따라 오르면 바로 왼쪽으로 삼봉리 입구를 만나게 된다.
오래된 추억을 간직한 사람들과 문화를 찾아 전원주택을 이루어 살고 있는 이들이
공존하는 이곳은 마을과 마음을 이어주는 공간이다.

언제나 정다운 농장
구수한 장맛 같은 농부

푸른숲농원 :: 김덕배 농부

운길산역에서 멀지 않은 곳에 자리한
푸른숲농원은 들어서자마자
예쁜 카페가 있어 눈길을 끈다.
옆으로 크고 작은 장독들이 놓여 있다.
마침 잠시 쉬러 들어온 김덕배 농부가
오디 주스를 건네면서 내친김에
농장 구경까지 시켜준다.
카페는 체험객들이 편하게 쉴 수 있는
아지트 같은 공간이다.
내부 공간도 센스 있게 꾸며져 있다.
벽에 있는 딸의 작품들이 포인트를 더해준다.

오디 농가들이 오디를 재배하는 것만으로는 넉넉한 삶을 꾸리는 것이 결코 쉽지 않다. 농장 주인도 자녀 둘이 동시에 대학을 다닐 때는 허리띠를 바짝 졸라맸다고 한다. 그래서 체험과 관광을 곁들인 농업의 6차산업이 더욱 절실하고 중요하게 다가왔다. 지금은 농업기술센터와의 연계, 영농조합과의 교류를 통해 다양한 체험프로그램을 개발하면서 다양한 변화를 주고 있다.

몇 해 전에 크게 아팠던 아내를 위해 지금도 마사지도 열심히 해 주고 거꾸로 매달리는 운동기구도 사주었다며, '함께 하는 아내가 최고'라는 농부의 이야기에서 가족과 아내에 대한 사랑이 흠뻑 묻어난다.

체험장 안에는 오디잼을 만들 수 있는 기계가 놓여 있다. 오디술을 만드는 법을 남양주시농업기술센터에서 배워 오디술을 담아 용기에 보관하고 있다. 그가 만든 오디 막걸리는 색이 예쁘고 풍미가 무척 좋지만 아쉽게도 판매용은 아니다.

마당 앞뒤 쪽에는 된장 담그기 체험을 할 수 있는 장독들이 놓여 있다. 장독 안에는 간장과 된장이 숙성되고 있다. 도시에서는 좀처럼 볼 수 없는 장독들을 바라보며 마음을 잔잔하게 가라앉혀 보는 건 어떨까.

농장 뒤편에는 정겨운 모습으로 정자가 있고 그 뒤로 작은 개울 위 다리를 지나면 '농부의 밭으로 가는 길'이라고 쓰인 표지판이 나온다. 장독대에 익어가는 구수한 장맛 같은 농부의 이야기는 오래오래 기억될 듯하다.

푸른숲농원
남양주시 조안면 진중리 196

남양주시농업기술센터와 다산길영농조합이 딸기와 오디 가공품 및 체험을 중심으로 운영한 6차산업 부스는 특히 높은 인기를 끌었다.

Slow Life는 '제 속도의 생활미학'

산업화와 대량생산의 산물인 'FAST 패스트', 그에 대한 경고로 'SLOW 슬로'의 개념이 부각되었다. '슬로'는 느리고 오래된 것,
특히 사라져 가는 음식·환경·전통의 가치를 대변한다. 하지만 일상에서의 실제 삶은 느림과 빠름이 공존하는데,
슬로라이프는 그러한 일상을 직시하고, '패스트'와 '슬로'가 공존하는 사회,
대립이 아닌 '패스트'와 '슬로'가 균형의 관계가 되는 삶이 되도록 노력한다.

S(Sustainable) : 단순히 느린 것이 아니라 지속 가능한 것에 의미를 찾습니다.
L(Local) : 각 지역이 담고 있는 포괄적인 전통에 주목합니다.
O(Organic) : 서로 함께 살아간다는 점에서 공생과 순환의 유기적 관계를 이야기합니다.
W(Water) : 이런 의미들이 인류가 지닌 보편성을 담자는 뜻에서 슬로라이프는 물과 같다고 할 수 있습니다.

남양주시 슬로라이프 홍보영상

뽕 전도사, 오디 농부가 되다

뽕 이야기 :: 김종인 농부

　　오디 농가 '뽕 이야기'는 운길산 역에서 그리 멀지 않다. 경치를 바라보며 걷기에 딱 좋은 거리다. 힘차게 걷던 발걸음이 조금씩 속도를 늦추면 어느새 '뽕 이야기'에 도착하게 된다.
　　김 농부가 오디 농사를 시작한 지는 10년이 넘었다. 공무원 생활을 하다 퇴직하고 쉬는데, 늘 일을 해온 사람이라 그런지 좀이 쑤셔서 가만히 있을 수가 없었다. 그래서 평소에 관심이 있던 오디 농사를 짓게 되었다. "작년에 심장 수술을 받았어요. 원래는 100살까지 농사를 하려 했는데 심장 때문에 99살까지만 해야겠어요." 농부는 편안하게 농담을 던진다.

　　김종인 농부는 젊었을 때부터 오디에 관심이 많았다. 지병인 당뇨가 있었기 때문이다. "오디는 뽕잎, 뽕 뿌리, 오디까지 못 먹는 게 없어요. 뽕나무에는 엄청난 약리 작용이 있거든요. 약이라는 한자를 풀어 보면 풀, 누에고치, 나무로 이루어져 있어요. 뽕이 바로 약이라는 얘기인 거죠." 김 농부의 오디 사랑이 이어진다. 뽕 전도사라고 불러도 좋을 듯하다.
　　오디는 예부터 우리 민족의 병을 고치는 약이었다고 한다. 고관대작들이 병에 걸리면 이것저것 몸에 좋다는 건 다 먹어보다가 마지막 약으로 찾는 것이 뽕나무였다고 한다. 뽕나무에는 독성은 없고 약리 작용은 많다며, 나무라고 부르기보다는 약이라고 불러야 한다고 주장한다.

"34살 때부터 고혈압과 당뇨에 시달렸어요. 1년에 8번 정도 입원했으니까요. 제 몸무게가 지금 65kg인데 그 당시는 37kg이었어요. 상상이 가세요? 3년 동안 병원 생활을 했어요. 내 몸이 아프니까 '뭐가 좋을까' 스스로 공부하기 시작했죠. 공부를 계속하다 보니 우리 마을에 지천으로 깔려 있는 오디가 바로 약이라는 사실을 깨닫게 되었어요."

김종인 농부는 나라의 부름을 받고 베트남에 참전해 고엽제 후유증을 앓게 되었지만 이에 굴하지 않고 스스로를 뽕으로 고쳐나갔다. 자신의 경험을 인터넷에 올리게 되면서 오디를 판매하기도 했다. 이렇게 활동하는 사이에 자신도 모르게 '뽕나무 전도사'라는 별명을 얻게 되었고 자연스럽게 뽕잎과 오디를 필요로 하는 환자들을 위해 오디 농부가 되었다. 나이 들어서도 이 일을 꾸준히 하고 싶다고 말하는 농부 소망이 이루어지길 바란다.

뽕 이야기
남양주시 조안면 진중리 454
blog.daum.net/7221340

상심(桑, 뽕나무 상)

오디에는 뽕나무의 정령이 모여 있어 당뇨병에 효과가 있고 오장에 이로우며 귀와 눈을 밝게 한다. 또한 오디를 오랫동안 먹으면 흰머리가 검어지고 늙지 않는다.

오디가 새까맣게 익은 것을 따서 햇볕에 잘 말리어 가루낸 다음 꿀로 반죽하여 알약을 만들어 오랫동안 먹을 수 있다.

또한 많이 따서 술을 만들어 먹기도 한다. 이 술은 주로 보 한다. [동의보감 본초]

새치가 걱정이라면 오디를!

오디는 블랙 푸드 중 가장 인기 있는 과일이다. 오디의 효능은 너무 많아 열거하기 어려울 정도인데, 가장 알려져 있는 효능은 간장과 신장 등 오장육부의 기능을 개선하는 것이다. 최근 연구에 따르면 연골이 마모되는 것을 방지해주는 기능과 함께 퇴행성 관절염을 억제해주기도 한다고 한다.

약초 캐기가 취미인 어느 수의사가 들려준 이야기다. 주말이면 산을 타며 희귀한 약초를 구해오는데 아내가 서른이 넘어가면서 새치가 제법 생기기 시작했다고 한다. 처음엔 대수롭지 않게 여겼는데, 어느샌가 아내의 몸에 나는 털이란 털은 다 하얗게 변해버리고 말았다. 이에 수의사는 아내를 위해 상심고를 만들어 주었다고 한다.
상심고는 오디 조청과 비슷한 약으로 오디와 사탕수수 원당을 오랜 시간 졸여 완성한다. 아내는 이를 보약처럼 생각하고 매일 한 숟가락씩 떠먹었다. 아내는 어느새 40대 중반이 되었는데 새치가 하나도 보이지 않고 30대처럼 보인다. 오디에 들어있는 안토시아닌 색소와 오디 씨에 함유된 비타민 E의 항산화 효과가 상심고를 먹음으로써 극대화된 것이다.

오디는 6월 한철 나오는 과일로 제때에 생과를 챙겨 먹는 것이 가장 좋지만 쉽게 물러지는 탓에 냉동 제품으로도 많이 먹는다. 오디 생과는 꼭지가 신선하고 몸통이 통통한 것을 고른다.

오디는 생으로 먹거나 요구르트에 얹어 먹기도 한다. 요구르트와 오디는 영양이나 맛 면에서 함께 먹기에 좋은 음식이다. 술을 좋아하는 사람은 오디술을 담가도 좋다. 오디는 유기산이 적어 맛이 시지 않고 달콤해 남녀 모두 좋아하는 과일이다. 술을 담글 때는 덜 익은 열매로 담그는 것이 좋다. 마실 때 매실주나 석류주를 섞어 마시면 향이나 맛이 배가된다. 위에 소개한 것처럼 오디 조청이라 할 수 있는 상심고를 만들어 상복한다면 새치 걱정을 한층 덜 수 있다.

좋은 물이 좋은 땅을, 좋은 땅이 좋은 나무를!

남양주시농업기술센터 농촌지도사 손채락

남양주시 6차산업수익모델 시범사업의 담당자로서,
뜨거운 '열정'으로 대표되는 손채락 지도사는
대기업에서 수십 종의 식품개발에 참여한 독특한 이력을 갖고 있다.
어렸을 적 순수한 꿈을 좇아 농촌지도사가 된 이래
더욱 열정적인 시간을 보내고 있는 그는,
오랜 시간 벼농사, 과수농사에 관심을 기울였고,
최근에는 브랜드 개발, 마케팅, 상품개발 등 농업의 발전을 위한
다양한 분야의 접목에 그 연구의 폭을 확장하고 있다.
프로젝트 하나를 이루어가기 위해 농업인들과 수십 차례의 회의는 기본,
언제나 집요하고 명쾌한 현장교육으로 유명한 그가 전해주는
좋은 과일나무 이야기는
우리 농업이 나아갈 바를 생각해보게 한다.

집집마다 과일나무 한 그루

초등학교도 들어가기 전부터 부모님은 삼형제 중 첫째인 저를 외갓집에 해마다 한달 정도씩 맡기셨습니다.

그때마다 가족들과 떨어지는 것이 싫어 많이 울었던 기억이 있는데, 그럼에도 막상 외갓집에 가면 조금도 외롭지 않았습니다. 중·고등학교를 다니는 이모들과 외삼촌들이 있었고 동네 친구들이 많았습니다. 거기다 농사를 지으시며 동네 구멍가게를 하셨던 외할아버지와 외할머니 덕에 과자 한 봉지가 귀했던 그 시절, 친구들에게 인기도 많았습니다.

돌이켜 보면 지금도 그리운 추억입니다.

그 시절 외갓집은 기와가 얹혀있는 대청마루가 있고 큰방과 작은방이 세 개나 되는 집이었는데 마당 한쪽에는 감나무 두 그루가 있었습니다.

여름에는 긴 대나무로 툭툭 치며 먹지도 못할 감(동시)을 떨어뜨리곤 했습니다.

그때에는 기와집이든 이층 양옥집이든 집집마다 마당이 있었고 마당에는 고추나 가지를 키우는 조그마한 텃밭과 함께, 담장 근처엔 크고 작은 과일나무 한두 그루를 심어 풍성한 가을이 오는 것을 알록달록 색으로 느끼는 풍광이 있었습니다.

그래서일까요?

귀농이나 귀촌을 원하시는 분들 중 많은 분들이 과일나무 재배에 관심이 많은 것 같습니다. 그 규모가 크든 작든, 재배가 어렵든 쉽든 우리 모두의 추억이 같은 방향으로 흐르는 것 같아 기분이 좋아집니다.

그래서 과일나무 이야기를 해 볼까 합니다.

귀농·귀촌을 하셨거나 준비하시는 분들을 상담하고 과수농사를 전업으로 하시는 농업인들을 대상으로 교육할 때 꼭 말씀드리는 것이 있습니다.

바로 '과일나무는 나무가 좋아야 과일이 좋다.'

그 내용은 이렇습니다.

과수농사의 기본은 단순합니다. 뿌리가 좋아야 잎이 좋고 잎이 좋아야 광합성 대사를 통해 동화산물이 과일에 전류시켜 좋은 과일을 얻는다는 것이 과수 재배기술의 핵심인 것입니다.

뿌리가 좋기 위해선 토양이 좋아야 하는데, 이 토양의 핵심을 저는 '물'로 설명합니다.

바로 과일나무를 잘 키우는 데 꼭 필요한 5가지 물.

첫 번째는 바로 하늘에서 내리는 물, '천수'입니다. 노지작물은 외부환경의 영향을 많이 받는데 특히 강우에 영향을 많이 받습니다. 강우가 많아 습하게 되면 병이 많이 오게 되는데 특히 곰팡이에 의한 병 발생률이 높아집니다. 또한 별다른 재배적 조처가 없는 노지작물에게는 하늘에서 내리는 천수야말로 수분 공급의 중요한 요소가 됩니다.

두 번째는 적기 적소에 주는 물, '관수'입니다. 과일나무를 포함한 대부분의 작물은 꼭 필요한 시기와 꼭 필요한 장소에 물이 필요합니다. 그래서 농부들은 적기적소에 물을 주기 위해 관수시설을 설치하고 물주기에 힘씁니다. 제때 정기적으로 물을 먹어야 나무가 튼실합니다.

세 번째는 땅속에 고이지 않고 잘 흘러 들어가는 물, '배수'입니다. 고인 물은 썩기 쉬워 물을 나무에 주었을 때 땅속에 고이지 않고 잘 스며 들어가야 좋은 물입니다. 역설적으로 배수가 좋은 토양이 과일나무가 자라는데 좋은 환경을 제공합니다.

네 번째로 영양가가 높은 물, '관비'입니다. 관수와 더불어 사람이 주는 물로서 나무가 자라고 결실을 맺는 필요한 영양소가 있는 물이 바로 관비입니다. 관비는 화학비료만 있는 것이 아니라 친환경비료나 자가액비, 미생물비료 등을 포함하게 됩니다. 이런 것들은 토양의 물리성과 화학성을 좋게 하여 나무가 잘 자라는데 큰 영향을 주게 됩니다. 특히 과일나무에 필요한 물입니다.

다섯 번째로 산소가 많은 물, '살아있는 물'입니다. 일반적으로 OD(용존산소량)가 높은 물인데, 배수가 좋지 않은 토양에서 그나마 보완할 수 있는 방법이 용존산소량이 많은 물은 적게, 자주 주는 방법입니다. 물론 낮은 온도의 물에 용존산소량이 많은 것이 일반적이지만, 나무에 줄 때는 20~25℃ 온도의 물을 주는 것이 좋습니다.

아주 간단하게 과일나무를 재배하기 위한 기초지식으로, 과일나무가 필요한 환경을 물로 설명해 보았습니다.

과일나무는 다른 엽채류, 즉 배추나 상추나 무처럼 한 해에 심기와 수확을 하는 작물이 아니기에 더 신중하고 더 좋은 환경을 만들어 주어야 해가 지날수록 더 좋은 과일을 얻을 수 있고 여러 해 동안 수확을 할 수 있어, 과일농사를 '10년농사'라고들 합니다. 하지만 저는 과일농사는 '100년농사'라고 말하고 싶습니다. 한번 잘 만들어진 과수원에서 잘 재배되고 관리된 과일나무는 100년이 지나도 풍성한 수확물인 과일을 우리에게 줄 수 있기 때문입니다.

우리의 삶도, 우리 농업의 앞날도 이러할 것입니다. 우리가 농업을 위해 묵묵히 걸어가는 이 길이 좋은 토양을 다지는 발걸음이 되어 10년, 100년, 나아가 1,000년의 우리 미래를 이루어가는 바탕이 되길 바래봅니다.

70년 된 뽕나무의 기억
오디 그늘이 내어준 풍요

예봉산농원 :: 박득선 · 박숙자 농부

예봉산 농원은 오디 농가 중에서도 눈에 띄게 넓은 농원을 갖추고 있다. 오디나무도 오래된 듯 키가 크고 우람했다. 박득선, 박숙자 부부 농부는 오디 농사를 지은 지 30년이 되었다. 박득선 농부는 초창기에는 서울 경동시장에 나가서 직접 오디를 팔기도 했다. 농사 규모가 커진 지금도 일꾼을 쓰지 않고 식구들과 협력해 오디 농사를 짓고 있는데, 한창 바쁠 때는 동서, 처제, 장모님까지 출동한다. 수익 면에서 오디는 효자 상품이다. 짧은 기간 동안 집중해서 일을 하고 판로만 확보되어 있다면 일한 만큼 성과를 거둘 수 있는 종목이다.

박득선, 박숙자 농부는 남보다 일찍 결혼을 했고 아이가 줄줄이 태어나서 아이들을 데리고 농사를 지어야 하는 어려움이 있었다며 젊은 시절을 회상한다.

> "왜 오디나무를 안 자른 줄 아세요?
> 오디밭에 나가서 누에를 돌보곤 했는데요,
> 애들을 그늘에 옮겨가며 눕히다 보니 나무를 못 자른 거예요.
> 아이들에게 그늘이 필요했으니까요.
> 그 오디밭은 어림잡아 70년은 되었을 거예요."

차로 5분 거리에 커다란 오디밭이 펼쳐졌다. 지금은 집중적으로 농사를 하는 곳은 아니어서 잡초가 군데군데 있지만 이곳이 70년도 더 된 뽕나무밭이다. 박숙자 농부는 장하다는 듯이 뽕나무 한 그루를 가리키며 얘기한다.

"이것 좀 보세요. 이 나무는 제 나이만큼 나이를 먹었어요. 나무 기둥이 얼마나 큰지 몰라요. 옛날 이곳에서 누에를 치던 추억이 떠오르네요."

농부의 말대로 나무 두께가 예사롭지 않게 크다. 이 동네에서 가장 크고 오래된 뽕나무를 하염없이 바라보았다. 이 뽕나무는 70년 동안 자신이 보고 들은, 이 동네의 역사를 기억하고 있을 것이 아닌가?

예봉산농원
남양주시 조안면 조안2리 969

농부로, 문화해설사로 사는
인생 2막1장

다산이 사랑한 뽕나무 오디농장 :: 조석봉·박점숙 농부

북한강 자전거길 옆에 피아노 건반을 지붕으로 삼은 집이 지는 해를 이고 있다.
조석봉, 박점숙 부부는 퇴직 후 고향인 조안에서 여생을 보내기로 했다.
작곡을 전공한 아들을 위해 피아노 건반을 본 따서 집을 짓고
부부의 새로운 인생을 위해 오디밭을 일구기 시작했다.

농사가, 특히 유기농 오디를 재배하는 일이 얼마나 많은 땀과 노력을 필요로 하는지, 부부는 몸소 체험하고 있다. 오디는 예민한 작물이어서 한번 병충해가 생기면 점점 퍼지면서 걷잡을 수 없게 된다. 처음 조안면에 정착할 때 생각했던 것과는 전혀 다른 상황에 부부는 당황도 했다. 매일 아침 일어나 뽕밭에 나가서 애정을 쏟아보지만 해충에 병든 오디 열매를 보는 데 담담해질 수 없다. 오디밭을 옮기기로 결정하고 집 뒤에 있는 밭의 오디나무는 짧게 잘랐다. 더 나은 내년을 꿈꾸며 희망을 품는다.

조석봉, 박점숙 부부는 조안의 해설사 부부이기도 하다. 조석봉 농부는 실학박물관에서 자원봉사를, 박점숙 농부는 남양주 조안슬로시티 주민해설사로 활동하고 있다. 100세 시대에 퇴직 후의 삶을 어떻게 보낼지는 아직 개인의 선택으로 남겨져 있다. 부부는 농촌지역사회에 뒤늦게 정착했다. 해설사로 활동하기 위해서 자연스럽게 지역사회에 적극적으로 참여하게 되고, 지역민들과 유대감을 쌓는 일은 덤으로 찾아온다. 또 일부러 찾아온 외부인들과 공부한 지역 이야기를 공유하면서 점점 조안면의 진정한 일부가 되어간다. 뒤늦게 정착한 조안에 그 누구보다 애착을 갖게 되고 지역행사에도 가능하면 빠지지 않고 즐기게 된다. 도시에서는 개인적 삶을 살았다면 조안에서는 더불어 사는 삶을 '즐기고' 있다.

오디 농가를 위한 여러 가지 교육도 적극적으로 받고 오디를 활용한 여러 가지 레시피를 알아가고 응용해서 개발하는 일도 커다란 기쁨이다. 오디 조청만 해도 직접 기른 엿기름과 밭에서 수확한 오디를 이용해서 만드는, 진정한 수제 오디 조청이다. 도시에서와 달리 몸을 많이 움직이는 농촌에서의 삶이지만 육체뿐 아니라 정신도 건강해진다. 농사일을 하다 보면 우울해할 틈이 없다. 닥친 일을 해내다 보면 일주일이 가고 한 달이 가고, 일 년이 간다. 자주 찾아오지 않는 자식에게 섭섭해 할 시간도 없이 바쁘다. 처음 집을 지었을 때, 아들 부부가 같이 안 살겠다고 해서 서운했는데 지금은 조안면에 와서 제일 잘한 일이 아들 부부와 같이 안 산 일이라고 말하는 부부.

석양 무렵 집 앞에서 사진을 위해 다정하게 손을 잡으라고 요청하니 '손 안 잡은 지 한참 되었다'면서 웃는다. 해설사 부부의 하루는 평범하지만 스스로 선택해서 특별하다. 이렇게 평범하면서도 특별한 하루가 고운 석양에 물든다.

다산이 사랑한 뽕나무 오디농장
남양주시 조안면 조안리 198-1

조안 삼봉리 / 이종희作

바람 / 이종희作

부엉배농장 :: 전미경 농부

삶을 조각하는
목공체험 오디농장

세 개의 봉우리가 있는 삼봉리.
그중 첫째 봉우리에 부엉이가 살고 있다고 해서 부엉배 마을이다.
그곳에 목공체험농장인 부엉배 농장이 있다.

농장 입구 담벼락은 목공체험 농장답게 나무를 붙여서 낡고 평범한 벽을 하나의 작품처럼 만들었다. 담벼락 위에는 장미 넝쿨이 있고 풀이 자라고 있다. 풀 밑에는 작은 항아리들이 나란히 앉아서 행인에게 미소 짓는 것 같다. 깨진 항아리, 풀을 심은 항아리, 짙은 색 항아리, 옅은 색 항아리 등등. 사람의 생김새처럼 하나도 같은 게 없다.

담벼락을 따라 올라가면 목공체험장에서 전미경 농부가 환하게 미소를 짓는다. 체험장에는 망치, 못, 나무 조각들부터 이름 모를 공구들까지 가득하다. 벽에는 체험장을 다녀간 이들이 만든 작품으로 전시를 해 놓았다. 목공체험장에서 만들 수 있는 건 작은 소품들이다. 연필꽂이, 스마트폰에 저장된 음악을 스피커를 통해 듣는 것 같은 효과를 주는 소리통, 새집 등등. 오디는 버릴 게 없는 나무라고 전미경 농부는 말한다. 오디 나뭇가지를 삶아서 껍질을 벗기면 훌륭한 목공 재료가 된다. 오디 나뭇가지로 6월에 만드는 크리스마스트리 체험은 색다른 이벤트다.

"아이들이 체험을 통해 웃음을 찾고
새로운 꿈을 갖게 되는 것을 보면 정말 큰 보람을 느껴요"

버릴 거 없이 알뜰하게 이용할 수 있는 오디나무를 매개로 전미경 농부는 열매 중심의 농장을 운영하기보다는 농장을 찾는 사람과의 소통을 목적으로 한다. 사람이 좋아서 매일 사람을 만나는 목공체험장을 운영하고 있는 것이다. 지난 겨울방학에 "나는 내가 좋아"라는 이름의 체험 프로그램을 열었다. 소심하고 자존감 없는 아이가 레고 박사가 되겠다는 글을 썼는데 모두 칭찬을 해주자, 자신감 없던 아이가 으쓱해서 좋아하는 걸 보고는 마음이 따뜻해지고 보람을 느꼈다고 하는 농부. 목공체험에서 얻는 건 단순한 연필꽂이, 새집이 아니라 무언가를 손으로 직접 만드는 과정에서 얻어지는 성취감과, 성취를 하면서 되찾게 되는 자존감이다.

오디 농사는 초보지만 오디 농사로 사람의 마음을 바꾸는 프로젝트를 하고 있다는 사명감에 매일이 즐겁다며 전미경 농부는 활짝 웃는다.

부엉배농장
남양주시 조안면 삼봉리 637-2
blog.naver.com/jmk774

young artists in JOAN

나무 봄여름가을겨울, 송촌초등학교, 벽화

송촌리 마을생태지도

밝은 표정의 비밀
더불어 사는 인생

수형농산 :: 박수형 농부

수형 농산의 박수형 농부는 만나자마자 오디 생과를 내밀며 먹어보라고 권한다. 유난히 인정이 많아 보이는 얼굴이다. 요즘에는 오디 농가가 많아지는 추세라고 하는데, 판로 확대를 위해 오디를 냉동하여 타 지역 판매와 수출에 관심을 기울이고 있다. 하지만 박 농부는 '오디는 생과가 제 맛'이라며 엄지손가락을 치켜든다. 보라색 오디 생과를 먹으며 자신을 보고 씩 웃던 자녀들 모습이 아른거린다고 말한다.

"오디 농사를 한 계기는 작게라도 땅이 있었기 때문이에요. 이 마을이 박씨 집성촌이거든요. 저는 이원 박씨 종손이에요. 이곳으로 오기 전엔 충주에서 음식점을 했지만 만족스럽지가 않았죠. 출퇴근 개념도 없이 가게에 매달려 있었어요. 시간이 없으니까 아이들하고 충분히 놀아주지도 못 했고요."

충주를 떠나 자신의 땅이 있는 이곳에 와서 오디 농사를 짓게 되었고 만족감이 커지다 보니 웃는 일이 더 많아졌다고 한다. 같은 농부끼리 돕고 남양주시농업기술센터에서 지원도 받고, 그런 데서 사람 사는 행복감을 느낀다는 박수형 농부.

"판매가 잘 되지 않을 때면 친척이나 교회 사람들에게 '아이, 오디 좀 팔아줘' 하며 넉살을 부리면 팔아줘요. 이렇게 사람들하고 부대껴 가며 사는 게 인생 아니겠습니까? 예전에는 몰랐던 행복감을 오디 농사를 지으며 느끼고 있답니다."

웃는 인상의 박수형 농부는 오디 농사철이 끝나면 경제적인 안정을 위해 부업인 설비 수리 일도 한다고 한다. 농부의 얼굴은 얘기를 하는 사이에도 점점 더 밝아졌다. 친근한 얼굴을 하고 있는 그의 얼굴 속에는 농부의 소박한 삶이 들어 있다.

수형농산
남양주시 조안면 조안2리 687-2

젊은 오디 농부의
새로운 도전

너나들이농장 :: 박부영 농부

너나들이 농장에 들어서니 젊고 훤칠한 농부가 오디를 돌보고 있다. 농가도 농부를 닮아서 반듯하게 정리되어 있다.

40대 중반의 박부영 농부는 조안의 농부 중에서도 젊은 축에 속하기도 하지만 사회에서 쌓은 이력도 특이하다. 농부가 되기 전 15년 동안은 한식과 일식 셰프로 일을 했다. 하지만 아침 9시에 출근해서 밤 10시에 귀가하는 생활의 반복으로 전혀 행복하지 않았다. 어느 날 미래에 대해 심각하게 고민하게 되었고 오디 농부가 되기로 결심했다. 오디 농사를 지으며 정착한 지 어느새 15년이 되어간다.

오디는 소득 면에서 보면 효자 품목이라고 한다. 한 달 바짝 신경 써서 수확해서 판매하면 되기 때문이다. 따라서 오디가 진짜 효자 품목이 되기 위해서는 판매 전략이 중요하다.

"저는 온라인 커뮤니티 카페에도 글을 올려요. 장소를 지정해 놓고 고객이 퇴근 후에 받아갈 수 있도록 하고 있어요. 판매 아이디어를 계발해 3+1 식으로 세 팩을 사면 한 팩은 덤으로 드리고 있어요. 오디는 생과가 좋아요. 저는 생과만 취급합니다. 다행히 고객들이 생과를 파는 저를 찾아주시기에 제가 계속 오디를 기르고 판매할 수 있는 거지요."

셰프 출신의 박부영 농부는 오디를 활용한 상품 개발에도 의욕이 많다. 현재 판매할 계획을 세우고 있는 오디주는 2~3년 동안 정성 들여 개발했다. 물론 여러 가지 행적적 진행과 판로도 연구하고 있다. "요새 농부는 판매도 잘 해야 해요!" 라며 오디주를 보여주며 껄껄 웃는다. 박부영 농부의 웃음에는 자신감이 가득 들어 있다.

너나들이농장
남양주시 조안면 조안2리 759-1

생산+가공+서비스까지
오디체험 마카롱카페

L.JURAN

건강하면서도 모양도 예쁜 빵이나 과자가 있을 수 있을까?

모양이 예쁘면 대부분 첨가물이 과하게 들어가 있고,

건강한 빵은 푸석푸석하고 맛이 없다.

모양과 맛은 양립하지 못하는 것처럼 보인다.

건강한 베이커리 '엘주란'은 어떨까?

　조안 시우리를 넘어가는 고개 끝자락 와부에 오디 체험농가로 유명한 엘주란(L.JURAN)이 있다. 농업기술센터를 통해 직접 오디 재배기술을 배우고 하나부터 열까지 시행착오를 거쳐가면서 일찍이 농장체험카페를 열었던 이주란 대표가 직접 운영하는 엘주란! 이제는 유명해진 오디 마카롱으로 정식 제조공장까지 도전한 그녀의 이야기를 들어보았다.

　엘주란의 문을 열고 들어갔다. 전체적으로 환하고 깔끔한 인테리어가 인상적이다. 벽면에 마카롱을 형상화한 로고가 앙증맞다. 위쪽 흰 벽에는 '건강한 맛을 구워냅니다'라고 쓰여 있고, 바닥에는 유기농 밀가루 포대가 벽을 타고 세워져 있다. 안심하고 먹을 수 있겠다는 생각이 든다. 최근에 이름을 엘주란으로 바꾸었는데, 원래 이름은 이주란의 뽕밭사랑이었다고 한다. 친근한 이름만큼이나 작은 농업체험과 그 가공품을 이용한 제과제빵체험을 즐기는 이들에게 인기 만점이었다고!

　"엘주란의 가장 인기 메뉴는 오디 마카롱이에요. 저희가 직접 재배한 친환경 오디로 마카롱을 만들어요."

　맛과 건강까지 함께 만족시키는 마카롱은 흔치 않다. 알록달록한 색상은 보기가 좋지만 유명한 업체들조차 공업용 색소를 사용하여 간혹 뉴스에 나오기도 한다. 더군다나 설탕도 많이 들어가 칼로리에 예민한 여성들이라면 한두 개 이상 먹기가 꺼려진다. 하지만 엘주란에서는 첨가물과 칼로리 걱정을 잠깐 내려놓아도 된다. 공업용 색소 대신 식품에서 얻을 수 있는 천연 색소를 쓰고 설탕의 양을 현저히 줄여 달지 않고도 맛있는 마카롱을 내놓는다.

　달지 않아 식감이 더 부드러운 오디 마카롱과 오디 주스 맛에 반했다. 부모님이 농업기술센터에서 여러 가지 수업을 들으면서 자신에게도 추천해주셨고, 처음엔 취미로 배우던 것들이 나중에는 농업기술, 마케팅은 물론 김치와 폐백 떡, e-비즈니스 교육까지 섭렵하다가 체험카페까지 열고 이제는 가공공장까지 도전하게 되었다고 한다.

　직접 생산하는 오디를 주재료로 이곳 엘주란의 마카롱이 인기 있는 이유는 순한 재료 때문이다. 대한민국 어디를 가더라도 유기농 밀가루에 100% 우유 버터와 100% 우유 생크림으로 마카롱이나 롤케이크를 만드는 경우는 찾아보기 힘들기 때문이다. 뽕잎가루를 이용한 뽕잎 케이크 원데이 클래스도 마련하고 있다고 하니 연인이나 가족끼리 원데이 클래스 체험도 재미있을 것 같다.

남양주시 와부읍 수레로 468
www.ljuran.com
인스타그램·카톡친구: 엘주란

힐링 조안

다산길영농조합 농가

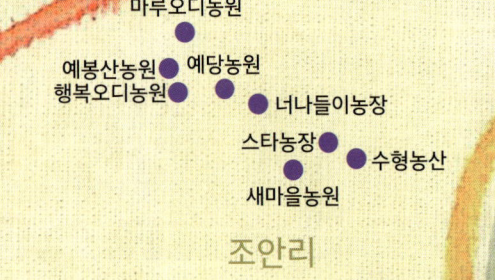

딸기농장

기쁨농장	조안면 송촌리 356-1
나라농장	조안면 송촌리 296-1
다솜유기농장	조안면 송촌리 304
다혜농장	조안면 송촌리 303-2
딸기나라	북한강로 626번길 12-1
딸기농장 수	조안면 송촌리 823-2
딸기랑 소나무숲길 한림 하눌타리농원	조안면 송촌리 395-1
마뜰농원	조안면 북한강로 301번길 7-11
미드미농장	조안면 송촌리 297
빨강딸기	조안면 송촌리 108
샘물농장	조안면 송촌리 539
생명농장	조안면 송촌리 363-2
송송골딸기	조안면 송촌리 821
송촌호반딸기농장	조안면 송촌리 65-1
쌍송딸기체험농장	조안면 송촌리 98-1
아람딸기	조안면 송촌리 300-3
오삼~팜	조안면 송촌리 317
윤기네 딸기농장	조안면 송촌리 544
초록향기	조안면 진중리 171
토양농장	조안면 송촌리 995-1
표씨농장	조안면 송촌리 287-2
한사랑 딸기농장	조안면 송촌리 356-1
한솔농장	조안면 송촌리 산18

오디농장

구봉농장	조안면 삼봉리 456
너나들이농장	조안면 조안2리 759-1
다산뽕나무오디농원	조안면 조안리 198-1
마루오디농원	조안면 북한강로 229번길 164-3
부엉배농장	조안면 삼봉리 637-2
뽕이야기	조안면 진중리 454
새마을농원	조안면 조안리 664
수형농산	조안면 조안2리 687-2
스타농장	조안면 조안리 939-3
슬로팜핑체험농장	조안면 송촌리 915
예당농원	조안면 조안리 770
예봉산농원	조안면 조안2리 969
푸른숲농원	조안면 진중리 196
행복오디농원	조안면 조안2리 962

www.dasanberry.com

조안 송촌리 문안산길에
여유로이 놓여진 자건거가 돌아가는 발길의
아쉬움을 달래준다...